行走在新疆

汝志刚　著

合肥工業大學出版社

自　序

新疆是我最喜欢的地方，最近两年，我一直想提笔写一写新疆，无奈一直没有机会，现在终于可以了。今年新型冠状病毒性肺炎疫情让很多事都慢了下来，原本计划的国外旅行探险活动也都无法进行了，虽然有些遗憾，但我正好可以利用这段时间写一写新疆。

2014年年底，我刚从美国出差回来，就收到了公司大裁员的消息，不幸的是我也在被裁员工之列，公司赔付了我一年的薪水。2015年，我拿着这些钱，没有急着去找一份新的工作，而是背着行囊去了中国的西部。我花了两个月的时间，走了甘肃、新疆、西藏的很多地方，第一次感受到中国的地大物博，第一次感受到大美新疆的魅力，第一次开始系统地了解举世闻名的“丝绸之路”。

期间，我走了新疆哈密、吐鲁番、乌鲁木齐、伊宁、库车、喀什、塔县、叶城等一些地方。第一次背包招手停车；第一次住进了青年旅社，而且还是带着美丽的葡萄藤小院的青年旅社，正是那个时候，青年旅社在我心里种下了美丽的种子；第一次了解“地下长城”坎儿井的文化；第一次了解新疆的佛教文化；在赛里木湖旁第一次住进了蒙古包；第一次品尝了吐鲁番当地的大盘鸡、葡萄，库车杏子，伊犁的格瓦斯、面肺子、水煮羊肉，喀什的石榴汁等特色美食；第一次感受到了徒步文化，从琼库什台到喀拉峻大草原的徒步穿越；第一次行走新藏线，等等。在经历了这一切之后，我和新疆之间的缘分才刚刚开始。

2016年，我走进新疆塔克拉玛干沙漠腹地，从那里带着当地的2名克里雅人向导和8只骆驼，我们一行从南往北徒步480公里穿越了塔克拉玛干沙漠，其间学习了很多关于沙漠的知识，了解了维吾尔族人的生活习惯，增进了民族之间的友情，萌生了后来关于沙漠中文化探险的想法等。徒步前，去了新疆阿克苏、新和、沙雅、巴楚、喀什、和田、于田等地，期间使我感受比较深的是参加沙雅胡杨节时的一些经历。

2017年，我再次前往喀什，在那里和其他队友们集合，一起攀登有“冰川之父”之称的昆仑山第三高峰——慕士塔格峰。最终，经过九死一生，我登顶了慕士塔格峰。

2018年，我走进北疆，去了北屯、布尔津、喀纳斯等地。有着“水怪”传说的喀纳斯湖、原始村落禾木村、生活在边境的图瓦人、中国唯一流向北冰洋的河流额尔齐斯河等阿尔泰山脉一带的自然风光、历史文化都深深地吸引着我。不幸的是在我们返回乌鲁木齐的高速公路上，发生了严重的车祸，新车完全被撞报废了，我与死神擦肩而过。这次来新疆，我两次走进了新疆维吾尔自治区博物馆，在那里我了解了新疆的历史文化，感叹在新疆的各个民族一起书写创造的新疆灿烂文化。

2019年，经历生死，我从尼泊尔南坡登顶世界第一高峰珠穆朗玛峰之后，带着几位朋友再次来到新疆。我们参观了乌鲁木齐、吐鲁番、库尔勒、库车、喀什等地，沿途我们一起学习新疆的历史文明，一起感受新疆的人文风情，一起品尝当地的水果美食。其间，在库车的时候，我们遇到了交通事故，再次与死神擦肩而过。

朋友们一一离开后，我一个人前往若羌，在那里我和我的向导一起前往罗布泊进行文化探险。我们一起去了楼兰故城、小河墓地、米兰遗址、彭加木失踪地、罗布泊湖心等世界闻名的考古遗址和地理坐标。2020年我第二次从北坡登顶了珠峰，下来后，我听朋友说，就在我攀登珠峰期间，去年和我一起前往罗布泊的向导在一次带人玩皮划艇的时候，被大水冲走了，人失踪了，至今杳无音信，出事的地点就在中国唯一流向北冰洋的河流额尔齐斯河。因此，我这本书的写作，也是为了纪念他。

2020年，正当我要继续前往新疆旅行之际，新疆因为受到新冠病毒疫情的影响，暂时无法前往。但是我相信，随着疫情的有效控制，我很快就能再一次前往新疆。

以上即是我过去5年与新疆之间的故事脉络，充满了惊险与刺激。当然，除此之外，还有很多有意思的小故事，在这里不一一道来。

谈到新疆，不得不谈到丝绸之路（本书中谈到的均为陆路丝绸之路，海上丝绸之路、草原丝绸之路等不在本书讨论的范围内）。张骞“凿空”西域后，历史上第一次打通了中西方之间的陆路通道，从此拉开了中西方文明文化交流的序幕，这条以长安（今西安）为起点，经甘肃、新疆，到中亚、西亚，并连接地中海各国的陆路通道被称为“丝绸之路”。

丝绸之路的开通，使得中国、印度、波斯、希腊、罗马这些原本被山、海、沙漠阻隔着的具有高度文明的古国的民族第一次体会到了几千年来由人类的劳动和智慧创造出来的世界的伟大和美好。

丝绸之路成了连接不同民族的纽带，并造就了一条条无穷无尽通向世界各地的商路。我们可以想象在这一条条古老的道路上，那一幅幅丰富多彩、辉煌繁盛的画面，那川流不息的满载着丝绸、瓷器、香料、琉璃等货物的东西方不同国家的商队、使者和旅行者们为每抵达一个新的目的地而雀跃欢腾的场面。

如今，这条古老的丝绸之路正在重新焕发出昔日的光辉。我们坚信，它一定会再次对全人类的文明进步起到巨大的促进作用。

这本书正是以丝绸之路为主旋律的，书中所介绍的大部分内容都是和丝绸之路新疆段有关的，如一些古城遗址、佛教石窟、丝绸之路沿途上的西域古国等。书中会介绍一些历史，但题材仍然以游记为主，向读者介绍分享我沿途的经历和感受。

主旋律和题材清楚了，内容上的构造也需要清晰。过去的几年，我走了丝绸之路沿途的许多重要国家，包括乌兹别克斯坦、伊朗、希腊、土耳其、意大利、埃及等，以及我国的河南、陕西、甘肃、新疆等丝绸之路的国内段，感受也颇多，但显然我不能把这些全部介绍，否则这本书里的内容会非常庞大繁杂。

新疆在丝绸之路上的地位极为重要，中西方文明在这里交汇融合，因此，这本书的内容构造主要选取了新疆的一些有代表性的历史文化景点（主要和丝绸之路有关）和主要的几次探险活动进行介绍，并通过插入的照片和注释简单地介绍其他历史文化景点、人文风情、地理坐标等。这样，整本书的结构就会比较清晰，内容就不会显得过于庞大，但同时介绍的点又会比较丰富。如果读者对其中的某个点非常感兴趣，可以通过其他的方式了解更详细的信息。因此，这本书还起到了穿针引线的作用，可以让读者扩展知识面。

新疆璀璨的历史文明文化是新疆各族人民共同创造的，在历史上，曾经涌现出一批批可歌可泣的英雄人物，他们为了维护祖国边疆安全，为了维护祖国领土完整，进行了长期坚持不懈的斗争，他们的名字与英雄事迹必将被永远载入史册，流芳千古。如今，包括新疆人民在内的全国各族人民像石榴籽一样紧紧地抱在一起，正在为实现中华民族伟大复兴而努力奋斗！在实现中华民族伟大复兴的进程中，新疆人民必定会再次书写属于自己的光辉灿烂的一页！

最后，需要说明的是，因为我个人的知识有限，书中难免会有疏漏、瑕疵，欢迎读者朋友们提出自己的宝贵意见。在这里我特别感谢广大的读者朋友们！感谢一路支持我的广大粉丝朋友们！感谢所有参与审核校对本书的工作者们！2017年和我一起攀登慕士塔格峰的队友老帕和KS–快门无偿提供了他们拍摄的一些宝贵照片，我在这里表示特别的感谢！

汝志刚

2020年8月

目 录

第一章 魅力新疆

位于乌鲁木齐国际大巴扎的二道桥清真寺

塔克拉玛干沙漠

尉犁县罗布人村寨地处塔克拉玛干沙漠边缘，居住在这里的罗布人千百年来与世隔绝，他们打鱼狩猎，种植庄稼，保持着原始的风俗习惯。游客们在这里可以感受大漠风情，可以骑骆驼游玩，品尝当地美食。

当地美食蒸羊肉包子、手抓饭

羊肉包子在新疆是非常普遍的，实际上，在新疆说肉包子，就是指羊肉包子。吃手抓饭时，人们已经很少直接用手去抓了，一般会用勺子。

维吾尔族美食烤羊肉包子（一）

维吾尔族美食烤羊肉包子一般会选用生面做包子皮，馅通常选用新鲜的羊肉和洋葱，配以调料，放在炉子里烘烤。烤熟后的包子面香与肉香结合在一起，口感非常浑厚。面对如此难以抵挡的美食诱惑，我一口气能吃七八个。

维吾尔族美食烤羊肉包子（二）

回族美食炒羊肉肚片

新疆美食牛肉凉面

在夏天，吃牛肉凉面真的是一个很好的选择，而且牛肉营养丰富，脂肪含量低，很健康。这一盘柔韧爽口的面，我很快就吃完啦。

在阿克苏品尝新疆美食

新疆美食“馕包肉”

图片里并不是严格意义上的馕包肉，但是它和馕包肉没有什么本质的区别。把羊肉串上的羊肉都撸在馕里面，然后送进口中，大口大口地吃，真的是口齿留香，回味无穷啊。想一想都流口水，但是小心胖哦。

新疆美食缸子肉

新疆美食缸子肉，是大锅清炖羊肉的袖珍版。在缸子里放入羊肉和胡萝卜，再放入些盐巴，就可以煮了，非常方便。据说缸子肉是20世纪60年代，独特的社会背景下的产物。当时广大社员兴修水利，锅小人多，吃肉不方便，为了解决这一问题，每个人都使用自己的缸子代替锅做清炖羊肉，非常高效、方便。

新疆美食椒麻鸡

大家来到新疆一定要尝一尝当地地道的椒麻鸡，味道清爽可口，香味十足。

整齐干净的阿克苏的街头（一）

整齐干净的阿克苏的街头（二）

阿克苏的枣子

阿克苏的苹果

阿克苏的苹果，用天山雪水浇灌，被霜打过后成为冰糖心苹果，多汁，脆甜可口。

在乌鲁木齐水果批发市场，这些水果卖得很便宜，比如阿克苏苹果，可以低至5块钱1千克，但如果被运输到内地大城市的超市里，阿克苏的苹果价格可能会上涨10倍。

除了阿克苏的苹果，还有库尔勒的梨、叶城的石榴、哈密的瓜、吐鲁番的葡萄、和田的大枣，等等。新疆的这些非热带水果，可以说是全世界最好的，所以到新疆的朋友们，一定要多品尝新疆的水果哦。

新疆阿瓦提当地新建造的教学楼

第三节　新疆历史简述

新疆古称西域，“西域”一词特指从古代一直延续至清朝中期乾隆统治时期的新疆地域范围，意思是中国西部的疆域。这个名称给新疆涂上了一层神秘的色彩，使人充满无限的遐想。

公元前60年，西汉中央政权在新疆古乌垒国（今轮台县）设立西域都护府，新疆正式成为中国领土的一部分。

继公元1878年左宗棠从浩罕侵略者阿古柏手中收复了新疆大部之后，1882年沙俄侵略者也归还了伊犁地区。于是，左宗棠力主在天山南北建省。他在给清朝皇帝的奏折中称新疆是“他族逼处，故土新归”。于是以新疆为省名就有了一层新的意义，即新疆自古是中国固有的领土，但因为是新从阿古柏和沙俄手中收复的失地，故以“新疆”定为省名，有“故土新归”之意。1884年新疆建省，正式定名新疆省。从口头传统上已经成为特指西域地区名词“新疆”一词正式成为特指中国西域地区的专用名词，沿用至今。

1949年新疆和平解放。

1955年10月1日成立新疆维吾尔自治区。

世界上有四大文化体系，分别是中国文化体系、印度文化体系、伊斯兰文化体系和西方文化体系。这四大文化体系是几千年以来世界各国、各民族人民共同创造出来的，是全人类的智慧结晶。而新疆是世界上四大文化体系唯一汇聚的地方。

两汉时代，丝绸之路在新疆主要分为南北两道。《汉书·西域传》记载：自玉门、阳关出西域有两道。从鄯善傍南山（祁连山、阿尔金山）北，波河

世界遗产丝绸之路“长安—天山廊道的路网”陕西西安未央宫遗址

未央宫，西汉帝国的大朝正宫，汉朝的政治中心和国家象征，未央宫是丝绸之路的东方起点，公元前139年，张骞就是在未央宫领取汉武帝的旨意出使西域，从而轰轰烈烈地开辟了丝绸之路。

世界遗产丝绸之路“长安—天山廊道的路网”甘肃天水麦积山石窟

麦积山石窟，是我国四大石窟之一，保存得比较完好，有大量精美的泥塑石雕。其最早修建于后秦时期，后经北魏、西魏、北周、隋、唐、宋、元、明、清等朝代的开凿扩建，成为我国著名的石窟之一。

西行至莎车，为南道；南道西逾葱岭（今帕米尔高原）则出大月氏、安息。自车师前王庭（今吐鲁番）随北山（马鬃山、合黎山和龙首山），波河西行至疏勒（今喀什），为北道；北道西逾葱岭则出大宛、康居、奄蔡焉（黑海、咸海间）。

晋隋时期，丝绸之路在新疆分为三道。两汉时期的北道在晋隋时期成为中道，另在天山以北增加了

汉魏洛阳故城遗址

汉魏洛阳故城遗址是东汉至北魏时期的都城遗址，也是世界遗产“丝绸之路：长安—天山廊道的路网”中的一处遗产点。

洛阳新安汉代函谷关遗址

洛阳新安汉代函谷关遗址是世界遗产“丝绸之路：长安—天山廊道的路网”中的一处遗产点。其是秦岭峡谷中的一个关口，古代三座函谷关中的一座，修建于公元前114年，是古代洛阳与长安之间的交通要塞。

西安唐代大明宫遗址

西安唐代大明宫遗址是世界遗产“丝绸之路：长安—天山廊道的路网”中的一处遗产点。大明宫是唐朝的政治中心和国家象征，是当时世界上最大的建筑群，对宋元明清的宫殿建筑构造风格影响很大，对周边的日本、韩国等国的宫殿建筑构造风格也有很大影响。

一道，成为新北道。新北道从伊吾经蒲类海（今巴里坤湖）、铁勒部、突厥可汗庭、度北流河水，至拂菻国（东罗马），达于西海（波斯湾）；南道和中道在葱岭以东的线路大致和两汉时期相同，葱岭以西则伸展得更远，均到达西海。

唐朝时期，丝绸之路的交通达到极盛，这时已经被开辟成五道，除了上述三道外，还有一道沿着天山北麓从庭州到碎叶（托克玛克）的路线，一道从龟兹翻越勃达岭（别迭里山口），经过伊克赛湖、碎叶，怛罗斯的路线（唐初著名高僧玄奘西行求法就是沿着这一条道路进行的）。

这一条条举世闻名的道路是东西方文化交流的大动脉，中西方文明在新疆汇聚、碰撞、传播，促进了人类文明的发展。

交河故城（一）

位于古丝绸之路上的古车师国旧地交河故城，是世界遗产“丝绸之路：长安—天山廊道的路网”中的一处遗址点，交河故城是世界上最大最古老、保存得最完好的生土建筑城市，同时也是我国保存两千多年最完整的城市遗址。

交河故城（二）

第四节　新疆地理概述

新疆维吾尔自治区，位于我国西北边陲，面积166万平方公里，是我国陆地面积最大的省级行政区，占我国国土总面积的六分之一，首府是乌鲁木齐市。

新疆地处亚欧大陆的中心，陆地边境线有5600多公里，周边与俄罗斯、哈萨克斯坦、吉尔吉斯斯坦、塔吉克斯坦、巴基斯坦、蒙古、印度、阿富汗等八个国家接壤，在历史上是古丝绸之路的重要通道。新疆是一个多民族聚居地区，有56个民族成分，主要居住着维吾尔族、汉族、哈萨克族、回族、蒙古族、柯尔克孜族、乌孜别克族、锡伯族、塔吉克族、满族、达斡尔族、塔塔尔族、俄罗斯族等民族。

骑着骆驼的我国柯尔克孜族人

在国外，柯尔克孜族被称为吉尔吉斯族。他们的先民是古时候的黠戛斯人，古时候黠戛斯人赤发绿瞳，据说其中有一支黑发黑瞳的黠（xiá）戛（jiá）斯人是汉朝将军李陵的后裔。但经过历史上长期多民族融合后，现在我国的柯尔克孜族人和国外同源的吉尔吉斯族人基本上没有赤发绿瞳的特征了。

大西北的灵魂——孔雀河河畔的胡杨（一）

胡杨是一种很古老的珍稀树种，6000多万年前就已经在地球上生存。全世界的胡杨有90%以上分布在中国，主要集中在我国的新疆、内蒙古、甘肃等地。胡杨有着“活着1000年不死，死了1000年不倒，倒了1000年不朽”的传奇，这种说法虽然有些夸张，但也足见其生命力是非常顽强的。

大西北的灵魂——孔雀河河畔的胡杨（二）

巴楚叶尔羌河风光（一）

巴楚叶尔羌河风光（二）

巴楚叶尔羌河龙舟比赛

伊犁薰衣草

新疆的天山北麓与法国的普罗旺斯地处同一纬度带，且气候条件和土壤条件相似，是薰衣草的种植基地，也是中国的薰衣草之乡。伊犁的薰衣草通常在六月开花，花开的季节，一阵风吹过，一整片的薰衣草宛如深紫色的波浪层层叠叠上下起伏，非常美丽。

乌孙天马

新疆昭苏县是古代乌孙国故地，乌孙国出产良马。张骞第二次出使西域到乌孙，回程时，乌孙国王猎骄靡曾派遣使者携带礼品、马数十匹前往中原。汉武帝得到乌孙马，高兴地赐名“天马”“乌孙天马”。后来汉武帝得到大宛汗血宝马后，重新命名汗血宝马为“天马”，乌孙天马为“西极”。如今昭苏县仍有大量的“乌孙天马”。

2015年在琼库什台至喀拉峻大草原徒步（一）

2015年在琼库什台至喀拉峻大草原徒步（二）

哈萨克族在进行“叼羊”运动

据说“叼羊”运动起源于北疆的阿尔泰山脉一带，是我国新疆很多少数民族都喜欢的一项民间运动。主持人把一只割去头的羊放在指定处。鞭响后，提前分好的两队共同向羊飞驰而去，先抢到羊的一方队员间互相掩护，极力向终点奔驰，而另一方则围追堵截，拼命抢夺。骑手们都展示着技巧、力量和胆量，他们在草原上，忽在马上，忽在马下，你追我赶，场面非常激烈，仿佛在战斗。双方有来有往，叼着羊先到达终点的一方为胜方。比赛结束后，举行盛大的宴会，在场的男女老少们一起吃羊肉，喝酸奶和热茶。

新疆有着非常波澜壮阔的地理面貌，人们常用“三山夹两盆”来形容新疆的地形地貌。“三山”指的是天山、昆仑山和阿尔泰山，而“两盆”指的是塔里木盆地和准噶尔盆地。

库车天山大峡谷

库车天山大峡谷，是天山支脉克孜利亚山中的一条峡谷，由红褐色岩石经过大自然亿万年的侵蚀而成。1999年，当地的一位牧羊人在放牧时发现了这里，大峡谷不仅雄奇、险峻，而且幽深、宁静。在炎热的夏季，漫步其中，仿佛置身于空调屋里一般，凉爽无比。水滴从山体中渗出来，落在地面上，滴滴答答作响，形成溪流，与峡谷外干旱的环境形成鲜明的对比，因此很多人都会来这里感受炎热夏季里难得的清凉。除了在幽静的峡谷里徒步之外，这里还有几处地方值得去观摩，其中有一处就是“藏宝洞”，据说当年成吉思汗挥师西域时，古龟兹国的国王携带着宝物藏到这里，后来有当地村民发现了该洞，取走了洞里的宝物，远走他乡。再后来，消息传开，不断有人进入谷中寻宝，可再也没有发现其他的藏宝洞了。

漫步在库车天山大峡谷

天山大峡谷

置身于大峡谷中，凝望着眼前亿万年形成的雄伟的红色崖体，仿佛在与之对话。人在伟大的自然面前，显得太渺小了。

天山，位于欧亚大陆腹地，东西横跨中国、哈萨克斯坦、吉尔吉斯斯坦和乌兹别克斯坦四国，全长约2500公里，南北平均宽250～350公里，是世界上距离海洋最远的山系。

乌鲁木齐天山天池

乌鲁木齐天山天池，古称“瑶池”，是道教神话中西王母居住的地方。其位于博格达峰北坡的山腰，是一处著名的世界遗产。湖边云杉环绕，绿草如茵，湖四周雪峰的倒影映在湖中，仿佛仙境一般。因为这里道教文化非常盛行，所以游客们都会到“西王母庙”（娘娘庙）里去祭拜一下，为自己或家人朋友们祈福。我在旅行时，经常走进寺庙或者道观里祈福，不仅为我自己和家人朋友们祈福，还会为祖国祈福，祝愿国家繁荣昌盛，国泰民安！来到这里，同样如此！

天山呈东西走向，绵延中国境内1700公里，中国境内的天山山脉被称为东天山，其把新疆大致分成两部分：南边是塔里木盆地，北边是准噶尔盆地。托木尔峰是天山山脉的最高峰，海拔7443.8米。锡尔河、楚河和伊犁河都发源于天山。

天山天池

在东天山文化的版图中，有着发达的史前文化，有着月氏、乌孙等早期游牧民族活动的遗迹，还有着美丽的传说。据《穆天子传》记载，3000年前周穆王曾乘坐“八骏马车”西行天山，西王母在天池接见了他。周穆王赠送大批锦绸美绢等中原特产给西王母，西王母则回赠了许多天山的奇珍异宝，并邀请周穆王游览天山名胜。周穆王亲书“西王母之山”，留作纪念。临别时，西王母劝饮再三，即席歌曰：“祝君长寿，愿君再来！”

有着“冰川之父”之称的昆仑山第三高峰慕士塔格峰

昆仑山脉（昆仑山），是亚洲中部大山系，也是中国西部山系的主干。该山脉西起帕米尔高原东部，横贯新疆、西藏间，伸延至青海境内，全长约2500公里，平均海拔5500～6000米。其最高峰是位于新疆克孜勒苏柯尔克孜自治州阿克陶县的公格尔峰，海拔7649米。山顶常年积雪，山间悬挂着条条银光闪闪的冰川，极为壮观。

现代地理上的昆仑山，一般指昆仑山脉，昆仑山的存在总是与许多传说故事联系在一起。在中国神话传说中的昆仑山，被称为中国“龙脉之祖”“万山之祖”。然而，现在我们所说的昆仑山脉真的就是古代典籍中记载的昆仑山吗？

有关昆仑山的记载最早出现于《山海经》中，书中所描写的昆仑山在中国西北部，高500多米，是黄帝在人间的行宫，西王母的瑶池也在此山之上。传说昆仑山盛产玉石，山上还有不死树和各种奇珍异兽等，承载着人们无限的美好想象。

昆仑仙山究竟在哪里，可能永远也不会知道了，但是来到新疆游玩的人看到眼前美丽的昆仑山脉时，还是会情不自禁地把它与古书中的昆仑仙山联系在一起。

昆仑山公格尔九别峰（一）

公格尔九别峰是西昆仑山脉的第二高峰，海拔7530米，屹立在美丽的帕米尔高原上。由于山顶终年积雪，像牧民头上戴的帽子一样，所以当地牧民就称它为“公格尔九别”，意思为“白色的帽子”。

昆仑山公格尔九别峰（二）

美丽的喀纳斯湖

传说湖中有着水怪的喀纳斯湖，“喀纳斯”是蒙古语，意为“美丽而神秘的湖”。相传，很久以前，成吉思汗西征，途径喀纳斯湖，见到这样一个美丽的地方，便决定在这里暂住些日子，以便休整人马。成吉思汗喝了湖水，觉得特别解渴，就问手下将领这是什么水。有一位聪明的将领答道：“这是喀纳乌斯（蒙古语是可汗之水的意思）。”众将士便齐声答道：“这是可汗之水。”成吉思汗说：“那就把这个湖叫作喀纳乌斯吧。”成吉思汗去世之后，遗体就沉在喀纳斯湖中，图瓦人作为成吉思汗的亲兵，就留在喀纳斯湖畔，世代守卫。“湖怪”就是保卫成吉思汗亡灵不受侵犯的“湖圣”。

人间仙境喀纳斯湖

喀纳斯湖湖水颜色随着季节、天气等因素的变化而变化，即使在一天当中，颜色也不停变化着。有时呈现出如翡翠般的绿色，有时呈现出非常忧郁的蓝色，有时呈现出神秘莫测的黑色，有时则呈现出瑰丽多姿的彩色。这一幅幅美丽的水彩画，不停地变换着，令游客们目不暇接。

美丽的喀纳斯湖月亮湾

一抹绿色飘逸的水带迂回蜿蜒于河谷间，犹如弯弯的月亮落入林木葱茏的峡谷，令所有游人都为之陶醉。

中国唯一通向北冰洋的河流——额尔齐斯河

额尔齐斯河发源于中国新疆阿尔泰山南坡，其流经中国、哈萨克斯坦、俄罗斯，最终注入北冰洋。额尔齐斯河水源主要来自阿尔泰山上的冰雪融水，据说其河水中含有大量的重氢，长期饮用对身体是有害的。

阿尔泰山脉，呈西北—东南走向，斜跨中国、哈萨克斯坦、俄罗斯、蒙古国境，绵延2000余公里；中国境内的阿尔泰山属中段南坡，位于新疆东北部，山体长达500余公里，北部的最高峰为友谊峰（海拔4374米），终年被冰雪覆盖，是中国海拔最低的现代冰川之一。

这一地域自古以来就是北方诸多民族游牧之地。额尔齐斯河北岸细石器遗址的发现说明，这里早在八九千年以前就已经有从事狩猎、渔猎的人类活动了。历史上曾经有塞人、呼揭、匈奴、鲜卑、柔然、突厥、铁勒、蒙古、哈萨克等草原民族部落在此生活。

阿尔泰山，蒙古语的意思是“金山”。从汉朝开始就已经在这里开采金矿了。阿尔泰山矿产丰富，产宝石和黄金等有色金属，有谚语称道“阿尔泰山七十二条沟，沟沟有黄金”。阿尔泰山黄金储藏量之高古已有名，清代就有“金夫逾万，产金逾万，列厂十区，矿工数万”的记载。除黄金外，阿尔泰山地还是我国重要的有色金属和稀有金属分布区。

阿尔泰山一带的风力发电设备

阿尔泰山脉一带的禾木河

阿尔泰山脉一带图瓦族人生活的村落禾木村

阿尔泰山脉一带图瓦人生活的村落——禾木村

禾木村是图瓦人居住的仅有的3个村落中最大的一个，总所辖面积3000多平方公里。你没看错，一个村子3000多平方公里，如果按照矩形来算的话，大概长和宽都是50多公里。禾木村的面积比我国很多乡镇还要大很多。在我国边疆地区，有很多这样面积很大的村落。

禾木村的主要居住区是一个如童话般美丽、静谧的村落，原木构造的小屋错落有致，小桥流水，袅袅炊烟，白桦林树影婆娑，游人漫步其间，很快便忘记了世间的一切烦恼。

阿尔泰山脉

置身于阿尔泰山脉美丽的喀纳斯湖边

晚上住宿在阿尔泰山下一个回族人搭建的蒙古包里

这里可能不是回族人生活的地方，但是每当旅游旺季来临，一些回族人会从城里固定的住所来到这里搭建蒙古包，做生意。在半年的旅游季节里，他们会有不错的收入。如今少数民族的生活真的是好啊！

在阿尔泰山一带回族人搭建的蒙古包里，品尝回族人做的手抓羊肉

在阿尔泰山一带的牧民家里，品尝地道的大盘鸡。香喷喷的大盘鸡主要用鸡块和土豆块炖炒而成，爽滑麻辣的鸡肉和略带甜味的糯糯的土豆块，再配上具有新疆特色的馕和皮带面，堪称美食中的极品。

阿尔泰山一带哈萨克族的羊群

乌伦古湖

乌伦古湖，发源于阿尔泰山的乌伦古河。乌伦古湖素以“戈壁大海”和鲜美“福海鱼”而著称。

“死亡之海”塔克拉玛干沙漠

天山、昆仑山之间，是辽阔的塔里木盆地。塔里木盆地位于中国新疆南部，是世界上面积最大的内陆盆地，面积约40万平方公里。盆地的中央是号称“死亡之海”的塔克拉玛干沙漠，其是中国最大的沙漠，亦是世界第二大流动沙漠。整个沙漠东西长约1000公里，南北宽约400公里，面积达33万平方公里。这里黄沙漫漫，瑰奇变幻，曾经西域三十六国中的精绝国、扜（wū）弥国等国的人民在这里繁衍生息并神秘地消失了，现在这些古国遗址被一一发现，这些被发现的震惊中外的文物向世人昭示着这里曾经的繁华。

塔克拉玛干沙漠的北缘是发源于天山山脉及喀喇昆仑山脉的中国第一大内陆河——塔里木河（内陆河，是指由内陆山区降雨或高山融雪产生的不能流入海洋、只能流入内陆湖泊或在内陆消失的河流）。塔里木河，全长2179公里。古时候，塔里木河从西向东奔流，最早曾注入罗布泊，如今穿过阿克苏、沙雅、库车、轮台、库尔勒、尉犁等地，最后流入台特马湖。

塔里木河
河畔的胡杨

塔里木河

台特马湖

台特马湖，是车尔臣河和塔里木河的下游湖泊，由于气候变化和农业水利发展等因素，此湖泊曾经一度干涸，后通过从博斯腾湖引水补给等措施，现已重新出现。台特玛湖水量大时，湖水向南溢入喀拉和顺湖，从南部入罗布泊。

著名的罗布泊，位于塔里木盆地东部的最低处，塔克拉玛干沙漠的最东缘，海拔780米左右，由于形状宛如人耳，被誉为“地球之耳”，《山海经》最早称之为“幼泽”。

罗布淖尔是罗布泊蒙古语的音译名，意为多水汇集之湖，曾经塔里木河、孔雀河、车尔臣河、疏勒河等河汇集于此，为中国第二大咸水湖。后来由于气候变迁及人类水利工程影响等原因，导致上游来水减少，直至干涸，现仅为大片盐壳地。

孔雀河，其唯一的源头是博斯腾湖，是库尔勒市的母亲河，注入罗布泊。

孔雀河畔宿营

孔雀河畔是塔克拉玛干沙漠的边缘，把帐篷置于胡杨林中，生上一堆火，搬出座椅，把酒杯取出来，酌酒畅谈，人生何其快哉！

我躺在帐篷中，闭上眼睛，感受着周围的一切，此时此刻我是完全自由的，仿佛可以自如穿梭于历史时空一般，无数有关新疆的历史传奇故事一幕幕地浮现在我的眼前。外面偶尔乌鸦的叫声和燃烧着的胡杨木“噼噼啪啪”的声音又不断地把我从历史时空中带回现实。历史与现实交织在一起，如梦如幻。我想这就是所谓的“放浪于形骸之外，畅游于天地之间”吧。

罗布泊是个非常神秘的地方，有着很多传奇故事。据说在罗布泊干涸前，曾有人发现湖中有条一米多长的大鱼在挣扎，而那时的湖水平均深度只有25厘米左右，这令他们大惑不解。有的人从清代方志中查到：每年春天，罗布泊中的鱼便上岸幻化成鹿，而到了秋天，鹿又会回到湖里幻化成大鱼。

1980年，我国科学家彭加木在罗布泊考察时失踪。

1996年，余纯顺在夏天徒步穿越罗布泊时，离奇地葬身在那里。

除此之外，还有大量匪夷所思的传说，如双鱼玉佩事件、罗布泊大蜥蜴事件等，所有这一切都使得罗布泊的诡秘之气蜚声国内外。

地处罗布泊的彭加木墓地

罗布泊的西北部，就是著名的楼兰故城，这里曾经是西域三十六国之一的楼兰国所在地，后来瑞典人斯文赫定发现了楼兰国的遗址。在夕阳之下，昔日繁华的楼兰城已经不再，残败的房屋、佛塔、烽火遂孤独地矗立在荒漠之中，令人唏嘘不已。

在罗布泊中，除了楼兰故城遗址之外，还有同样举世闻名的小河墓地、太阳墓地、米兰遗址等考古遗址。考古学家们曾在这些遗址中发现了大量的干尸，这些干尸经过碳14测定，距今已有3800年的历史。这些生活在罗布泊的古人说着什么样的语言？这些人为什么神秘地消失了？这里是否有古人类留下来的奇珍异宝？所有这一切，都吸引着无数的考古学家与探险家们不顾千难万阻、冒着生命危险去慕名寻找它们，想亲眼一睹它们的风采。

罗布泊地区出土的已有3800年历史的木制人面具

在阿尔泰山和天山之间，是中国第二大内陆盆地准噶尔盆地。北部的乌伦古湖湖面海拔479.1米；中部的玛纳斯湖湖面海拔270米；西南部的艾比湖湖面海拔189米，是盆地的最低点。内有中国八大沙漠之一的古尔班通古特沙漠。发源于天山北麓的最大河流是著名的伊犁河，伊犁河向西流入巴尔喀什湖。伊犁河谷土地肥沃，水草丰美，气候宜人，素有“塞外江南”的美称，是“乌孙天马”的故乡。赛里木湖是新疆海拔最高的湖泊（湖面海拔2071米）。

赛里木湖

赛里木湖是新疆海拔最高的湖泊，是大西洋暖湿气流最后眷顾的地方，因此有“大西洋最后一滴眼泪”的说法。

在赛里木湖旁策马扬鞭

赛里木湖旁的哈萨克族人家的羊群

在赛里木湖旁漫步

赛里木湖旁的哈萨克族人家的牛群

哈萨克族的蒙古包

这是我第一次住进蒙古包，尽管是夏天，但是这里海拔比较高，昼夜温差大，夜里非常寒冷，温度快接近零度了。

夜里我和朋友们一起挤在帐篷里的床榻上，每人一个被窝。我们使用的被褥都是之前客人们使用过的，不是很干净，但这都不重要了，重要的在于体验少数民族独特的文化和风俗习惯。

当我们在旅行时，每到一个地方，应该关注那些独特的文化和风俗习惯，应该关注那些平时我们在日常生活中体验不到的东西，而不是其他，这样我们才能感受到这个地方的魅力之处。

比如说这次来到赛里木湖游玩，哪些是独特的呢？欣赏美丽的高山湖泊，在湖边骑马，漫步于野花盛开的草地上，住进蒙古包，吃美味的手抓羊肉，夜里从寒冷的帐篷里爬出来欣赏满天璀璨的星空，等等，这些都是非常独特的，都是平时生活中难以体验到的，因此这次来到赛里木湖就是一次非常完美的体验。

手抓羊肉

手抓羊肉亦是哈萨克族的特色美食之一，其制作方法：先用清水洗净羊肉，切成大块状，与羊头、肚、心、肝、肺同时放入锅内，煮肉时只放盐不放其他佐料，先用大火煮二十分钟左右，再用文火慢炖十五分钟，起锅时放上少许洋葱末。这样做的手抓羊肉肉嫩汤鲜，别具风味。

中国与巴基斯坦边境的红其拉甫口岸

红其拉甫口岸是世界上海拔最高的口岸，海拔4733米。红其拉甫口岸环境恶劣，素有“死亡山谷”之称。

红其拉甫口岸

来到这里游玩的朋友，一定要带上厚衣服，像我这样穿着这么少的衣服是不行的。

红其拉甫口岸的野狗

红其拉甫口岸有很多温顺的野狗，这些野狗在这边待得久了，都不愿意走了，游客们和驻扎部队军人会经常给它们些食物。

帕米尔高原中的“帕米尔”是波斯语，意为平顶屋。中国古代称帕米尔高原为葱岭，古丝绸之路在此经过。其地处中亚东南部、中国的最西端，横跨塔吉克斯坦、中国和阿富汗。帕米尔高原是昆仑山、喀喇昆仑山、兴都库什山和天山交会的巨大山结，面积约10万平方公里。

中国境内的帕米尔高原是其东部，在克孜勒苏柯尔克孜自治州和喀什地区境内。有红其拉甫、明铁盖等山隘，是古丝绸之路南下印度，西去阿富汗和伊朗的重要通道，现已有中巴公路通行。

简略介绍了新疆的历史文化以及相关的地理知识后，大家就跟着我的记录一起走进令人神往的新疆吧！

第二章

徒步穿越『死亡之海』

塔克拉玛干沙漠里的乌鸦

第一节　穿越沙漠始末

塔克拉玛干，西方人称之为“死亡之海”，维吾尔语意为“走进去出不来的地方”。其是中国第一大沙漠，世界第二大流动沙漠（第一大流动沙漠为阿拉伯半岛的鲁卜哈利沙漠），东西长1000余公里，南北宽400余公里，面积约33万平方公里，约是3.3个韩国面积那么大。

此次徒步从和田市于田县的达里雅布依乡开始到阿克苏市沙雅县的盖孜库木乡结束，共用时15天（11月19日—12月3日）纵穿了塔克拉玛干，直线距离297公里，实际行走480公里。

塔克拉玛干沙漠

塔克拉玛干沙漠中克里雅人养的羊

除此之外，通过这次徒步，我还了解了骆驼的习性、维吾尔族人的生活习惯、沙漠的环境特点以及考古的相关知识、野外生存技巧、中西亚的地理知识等。可以说这是我2016年最有意义的一次探险，也是我人生中最重要的活动之一，此次徒步成功的意义比后来登顶珠峰的意义还要大。

我怎么会有穿越塔克拉玛干沙漠的想法的呢？之前在非洲旅行时，我就不停地赶着时间，希望在秋季能回到国内，计划去新疆北部看美丽的喀纳斯湖。但在合肥和高中同学聚会完后，回到北京已经是10月中旬了。我查了一下新疆的天气预报，看到那边已经开始下雪。我想，金黄色的秋季已经过去，便放弃了去喀纳斯的想法。闲来没事，我躺在床上，想着关于新疆的一些事，突然脑子里掠过了塔克拉玛干沙漠，心里顿时一亮，我去徒步沙漠吧！

我还没有去过沙漠，沙漠对于我来说是个神秘、充满着无限幻想的地方，小时候看电影《新龙门客栈》，里面的夕阳西下、黄沙漫漫、粗犷苍凉的音乐、侠客们的家国情怀以及儿女情长，一切都那么令人着迷！影片中的许多场面都给我留下了深刻的印象，难以忘怀。

第二节　抵达于田县

说走就走，我赶紧订了第二天去阿克苏的机票。这次去新疆的大致计划是这样的：先从乌鲁木齐、阿克苏、喀什一直到和田沿途旅行，欣赏当地的历史文化风情、品尝美食，等到和田后，开始徒步穿越塔克拉玛干沙漠。

游玩了一个月，我走了阿克苏、沙雅、新和、巴楚、喀什、莎车等地，最后来到和田市于田县。其中我在沙雅县的时候，碰巧认识了政府部门的一位工作人员，他邀请我去参加当地正在举办的沙雅胡杨节，我便欣然同意前往。

真的是大开眼界，胡杨节在露天的野外开阔地举办，各类美食摊位琳琅满目，望着眼前令人垂涎欲滴的美食，游客们都流连忘返。除了能品尝到各类美食外，在胡杨节上还能欣赏一些当地的民间艺术表演。一边品尝美食，一边欣赏民间音乐，这就是地地道道的新疆人的生活了！此时此刻，我仿佛也是一个地地道道的新疆人，和当地人一起，完全沉浸在快乐的节日气氛之中！

沙雅胡杨节上的美食烤馕

这个馕好大，和我蹲下来的高度差不多。上面用维语和汉语两种语言共同写着“沙雅胡杨欢迎您”“民族团结万岁!”表示全国各族人民团结一心，为早日实现中华民族的伟大复兴而奋斗不息!

馕是一种流行于阿拉伯半岛地区、包括中亚地区、西亚地区、小亚细亚等地区的一种美食。我在约旦、伊朗、乌兹别克斯坦、土耳其等地旅行时，都吃过当地的馕。

馕的大体制作方法是这样的：先用麦面发酵，揉成面坯，再在特制的馕坑中烤熟。看似制作过程简单，但是不同的人制作出来的馕的味道、口感差别会很大，好吃的馕满嘴面香，有嚼劲，吃了还想再吃。馕还便于储存携带，新疆人出远门的时候，都会带上一些馕，方便路上充饥。我在2016年徒步穿越塔克拉玛干沙漠时以及2019年进行罗布泊文化探险时，就随身带了很多馕。

沙雅胡杨节上为了红柳烤肉而搭建的火坑

燃烧着的是沙漠里生长的胡杨木，之所以使用胡杨木作为木材，是因为一方面胡杨木木质结实，产生的火力均匀且持久，二是胡杨木本身带有一种特殊的类似坚果和草原气息的香气，使烤出的羊肉味道非常独特。

沙雅胡杨节上的美食——红柳烤肉

红柳烤肉，就是用新鲜的红柳的树枝削成木签来烤羊肉串。比起传统的用铁签烤出来的羊肉串，采用红柳烤出的肉渗入了几分红柳的清香，更具地道特色。

另外，红柳烤肉上的肉块会比传统的普通烤羊肉串的肉块大得多，多使用5块肉，4瘦1肥，肥肉块居于中间。吃羊肉串时，咬下一整块瘦肉，再咬一点肥肉，同时放在嘴里咀嚼，饱满的肉质感，浓郁的香味，顿时使人得到无与伦比的满足。

沙雅胡杨节上的美食——烤鱼

沙雅胡杨节上的美食——新疆凉粉

沙雅胡杨节上的美食——玛仁糖（切糕）

口感香醇的玛仁糖是一种选用核桃仁、玉米麦芽糖、葡萄干、葡萄汁、芝麻、玫瑰花、巴丹杏、枣等原料熬制而成的民族特色食品。因为制作原料珍贵，玛仁糖的价格是比较贵的。

沙雅胡杨节上的美食——烤包子

沙雅胡杨节上的美食——烤鸡蛋

沙雅胡杨节上的美食——手抓饭

沙雅胡杨节上的美食——手抓饭

沙雅胡杨节上的美食——手抓饭

沙雅胡杨节上品尝手抓饭

这是我吃过的最好吃的一顿手抓饭，里面有羊肉、葡萄干、胡萝卜、坚果等，味道软糯香浓。

沙雅胡杨节上参会人员品尝美食

沙雅胡杨节上的十二木卡姆表演

“木卡姆”表示经过规整的某个古典音乐套曲的专用名称。十二木卡姆，是维吾尔族人民对中华民族灿烂的文化所作的重大贡献，它运用音乐、文学、舞蹈、戏剧等多种艺术形式表现了维吾尔族人民绚丽的生活和高尚的情操，反映了他们的理想、追求以及当时的历史条件下所产生的喜怒哀乐，具有抒情和叙事相结合的特点。在莎车，有着木卡姆早在公元4世纪就已经开始传唱的说法。当时的叶尔羌汗国的王妃阿曼尼莎汗被称为木卡姆之母，著有《精美的诗篇》《美丽的情操》等著作。

沙雅胡杨节上的乐器表演

沙雅胡杨节上的乐器表演

沙雅胡杨节上和战士们在一起

巴楚的“埃菲尔铁塔”

沙雅胡杨节上和艺人合影

沙雅胡杨节上和维持治安的战士们合影

和田马路上的路牌

和田的清真寺

第三节　办理进入沙漠的手续

到了于田县后，我一直在想一个问题：我该怎么开始徒步呢？徒步的起点在于田县的达里雅布依乡。达里雅布依乡处于塔克拉玛干沙漠的腹地，从于田县城去达里雅布依乡需要乘坐越野车才能抵达，单程要花8个小时之久。我孤身一人，没有越野车，更没有认识路的司机把我带到那里。另外，去那里徒步是不是需要办理相关的官方手续呢？毕竟沿途可能会有一些关卡检查站。

于是我先来到了县旅游局，向工作人员说明我的来意，他们了解到我是要到达里雅布依乡徒步穿越沙漠，都认为我疯了，劝我不要去做这样的事。不过，他们的态度，我提前就已经预料到了。在我的坚持下，他们最终还是给了我一张申请表,并说：“如果你想去达里雅布依乡，必须经过三个部门的批准，分别是于田县公安局、于田县旅游局和森林派出所。”

我拿着这张表跑了两天，多次到这几个部门去争取通过审批手续。

我这时候才意识到徒步沙漠真的不是一件简单的事，先不说徒步的过程会非常艰难，就是徒步能不能开始都很难说。

于田夜市上的蒸南瓜

达里雅布依村落

达里雅布依村的孩子

只骆驼，实际上，他走的线路与我走的线路是不同的，他是到塔南三大队，另外也不确定是不是全程徒步），再往前就是20世纪80年代中日联合拍纪录片《丝绸之路》的时候了（当然不是徒步）。

这个驮工愿意担任我的向导，且可以为我提供穿越沙漠所需的骆驼，一位向导和一只骆驼的费用都是每天200块钱。我觉得这个价钱还算比较合理，便没有和他讨价还价。各方面的信息问清楚后，我便迫不及待地跑到村口高大的沙丘上去看日落了。

哇，太美了！第一次来到沙漠里，这里的一切对我来说都非常美妙。

泛黄色的落日渐渐地被西边高大的沙丘遮住了，天际逐渐暗了下来，眼前的胡杨也变得模糊不清了。刚才还在旁边开心玩耍吵闹着的孩子们都回家了，四周“咩咩”的羊的叫声也消失了，只留下沙漠里的一片宁静。我回头望去，眼前这个与世隔绝的沙漠村落，现在每家每户的屋子里都点缀着光亮，看上去显得更加古老静谧了。

塔克拉玛干沙漠日落

第五节　离开沙漠回到乌鲁木齐

第二天早起看完日出，我们便返回于田县了。

再见，达里雅布依，我很快就会回来。朝阳沐浴下的小村落显得那么美丽安静，袅袅炊烟升起，顿时让我想起“大漠孤烟直，长河落日圆”那句诗。只不过诗里描述的是大漠的苍凉，而这里却是具有别样风情的静谧村落下的烟火气息。我们的车子渐渐离去，驶在起伏的沙丘上，村子忽隐忽现，最终消失在后方。

计划返回于田县后，再从于田去和田，在那里乘飞机前往乌鲁木齐。在乌鲁木齐有很多事情要做，我需要准备徒步穿越沙漠所需要的各种装备、物资，以及搜集关于沙漠环境的一些信息，尤其是和徒步穿越沙漠相关的一些信息。

达里雅布依村落里的羊圈

达里雅布依的日出

第六节　返回乌鲁木齐

回到乌鲁木齐后，便开始准备各种物资装备。探险并不是冒险，一次成功的探险需要提前准备各种所需物资和设备，需要考虑很多细节。对于徒步穿越沙漠者来说，GPS和卫星电话是必不可少的，我花了约1万块钱买了这两种设备，除此之外，还买了徒步杖、大量备用电池等。

我担心进入沙漠太晚，天气会变得很冷，因此时间比较赶，还有我无法在短时间内选择适合徒步穿的专业的衣物和鞋子，因此我便没有买衣服和鞋子。相对于GPS和卫星电话来说，衣物不是最重要的。

在出发之前，我去了趟新疆农业大学，专门去拜访了一位长期在塔克拉玛干沙漠里做研究的教授。中午的时候，我们在职工食堂里一起吃饭，边吃边聊。

我问他塔克拉玛干沙漠可不可以穿越，其实我比较担心沙漠里有没有流沙、有没有沙尘暴、有没有狼等潜在的危险。他告诉我现在已经进入了冬季，因此塔克拉玛干沙漠里没有沙尘暴，另外塔克拉玛干沙漠里是没有流沙的，他进一步解释说因为流沙都是形成于沙漠地带里靠近水源（比如河流和湖泊）的岸边（尽管我依然有些担心，但我还是很愿意相信他的话，毕竟他在塔克拉玛干沙漠里做了多年的研究）。但他说，狼肯定是有的，但不会有什么大危险。

他问我：为什么要去穿越沙漠？

我告诉他我很喜欢沙漠，想去感受这个穿越的过程。他听了之后，觉得不能理解，而且他说穿越塔克拉玛干沙漠会破坏很多生态，沿途很多胡杨和红柳在我们穿越之后可能就没有了。我当时并不是特别理解他说的话，但心想：我会保护生态的，怎么会去破坏生态呢？

达里雅布依村落

他随后给了我一些徒步穿越时的建议，我们便告别了。

在乌鲁木齐准备好各类装备和咨询了相关信息后，我再次返回和田市于田县。

第七节　再次进入达里雅布依

在于田县城，我们来到了一家超市，在这里采购所需的各种生活物资。我们买了大量的水，其中有840瓶550毫升小瓶装矿泉水，30瓶5升大瓶装的矿泉水，还有大量的八宝粥、馕、火腿肠、饼干、方便面等等。

采购好各种生活物资之后，我们便开始第二次前往达里雅布依。途中在经过克里雅河的时候，正赶上汛期，河水上涨，河道比平时宽了很多，水位也深了很多，河水形成的一条支流挡住了我们前进的路。

流淌湍急的克里雅河挡住了我们的去路

等了很久后，河水水位依然没有下降。我们细致观察后，只好找一处水位相对低点的位置，小心翼翼地开着车穿过了克里雅河，到达了对岸。

我们沿着克里雅河边的主干道，一路开着，车子起起伏伏，如小船一般漂浮在漫无边际的大海之中。古老的河流蜿蜒而下，潺潺溪水流在阳光的照射下微波粼粼，在各个转弯处，冲出的泥沙堆积起了一片片相对高大的河床。沿途河岸边的一棵棵金黄色的胡杨不断映入眼帘，美不胜收。很快，我们再次来到了克里雅河创造的文明绿洲——达里雅布依乡。

达里雅布依乡，旧称大河沿，是中国面积最大的乡村，位于和田市于田县北180公里处，坐落于大漠深处，其是克里雅河孕育的文明，方圆2000平方公里。

这里目前居住着300多户1000多人。居民主要居住在乡政府附近，还有一些居民零星分布在村子周边。

沿途克里雅河畔的胡杨

达里雅布依村

这里生活的人被称为克里雅人，关于他们有很多的传说，其中便有他们是西藏阿里古格王朝人的后裔这种说法。但生活在这里的克里雅人则说最初人们是为了躲避世间的战争，寻求一处安全之所才来到这里的。他们由400年前从于田县来的两个大家族组成，世代守候在这里，过着与世无争的生活。

这里就是我此次徒步的起点了。人生是很奇妙的，我以前从未想过，有一天我会来到这里，会与这里有什么关系。然而，仿佛穿越一般，我现在已经身处古代西域之地，感受着两千多年的历史变迁、沧海桑田，这种感觉无比曼妙。

眼前连绵起伏的沙漠时刻都在提醒我：我已经在徒步穿越沙漠的路上了。

达里雅布依村

晚上我和司机来到一户农家，这户农家的主人是村里的一位干部，他会说些汉语。作为村干部，身上自然担负着责任，会说汉语，便方便与我沟通，于是我把此次探险活动的定金交给他便是很自然的事情了。我付给他两万块钱，剩下的费用等我们抵达徒步的终点沙雅后，再付给他。就这样，探险便真正开始了，明天启程。

夜晚气温降了下来，房间里生起了火，我们在屋里一边喝着当地特色的热茶、吃着手工做的新疆拉面，一边聊着天，很是惬意。说起聊天，其实并没有我们想象的那么畅快，我不会说维语，他们只能说一些简单的汉语，因此我们之间总会出现因听不懂对方语言、进行反复沟通的情况。

司机告诉我说，他明天早上要早早地离开这里回县城，他都交代清楚了，希望我接下来的徒步一切顺利，有什么事可以给他打卫星电话。我点头称好。

明天，我们就要踏上茫茫大漠了，一路露宿沙漠中，遥望着头上永恒的星空，侧耳倾听着大漠风沙奏出的古老悲歌。

第八节　寄宿在农家

徒步第一天：

早上起来后，和司机告别。看着他的车渐行渐远，消失在沙漠中，我思绪万千，不知道我接下来的旅程会发生什么。

接下来，我出去拍摄日出和清晨的村子。周围的一切事物都流露出安宁的气息：太阳静静地爬上沙丘，被轻风拂动的金色胡杨叶沙沙作响、农家袅袅的炊烟、农家院子里间断的羊叫声……

生活在这里的人们非常的淳朴，他们不从事农耕，过着以畜牧业为主的生活。村子距离县城很远，去趟县城要花一整天的时间，因此他们平时很少

塔克拉玛干沙漠里的胡杨

出门。因为沿途都是沙漠，只能驾驶摩托车和越野车穿行在两地。冬季沙漠里的风沙很少，沙地被往返多次的车辆轧出的车辙印，清晰可见，路面也变得硬起来，因此摩托车在沙地上是可以行驶的。

等我从外面拍摄完照片回来发现房间里空无一人。早晨起来的时候，我还见到女主人，和她打了招呼。这本该是吃早饭的时间，可现在不知道他们去了哪里。

快到11点了，我的肚子饿得咕咕叫，依然不见他们回来，我只好吃了袋方便面，心想中午的时候再好好地吃一顿吧。过了一会，他们终于回来了。我问了村干部，村干部说他们去逮野猪去了，因为野猪吃了他们很多羊。

他们依然没有做饭的意思，只是急匆匆地在准备着各种物资。虽然我们之前在超市里买了很多物资，但显然那些是不够的。他们又配备了8桶50升装的水，很多大白菜、胡萝卜、米面、铁铲、铁锹等，他们甚至还杀了一只羊。我想带了一只羊的原因应该是考虑到旅途艰辛，需要及时补充营养吧，但更可能是他们太喜欢吃羊肉了，一日三餐离不开美味的羊肉吧。后来证明带着羊肉真的是太明智了！

和我一起徒步的两个向导是50多岁的库鲁班大叔和32岁的伊布拉因，他们是当地的村民，家里养了很多只骆驼。我今天第一次见到他们，因为他们不会说汉语，我们之间也没法沟通。

正在准备物资，整装待发

又经过一番折腾，他们牵了8只骆驼过来。他们陪我穿越沙漠，作为酬劳，我每天付给他俩每人200块钱，每只骆驼也是200块钱。这样的话，每天我要支付给他们2000块钱，这个费用还是很高的。

带8只骆驼，对我来说确实有些多了。我认为最多带5只骆驼就足够了，但我没想到他们带了太多的水，水带多了，所需的骆驼就相应地增加了。尽

徒步途中（一）

管我心里不太愿意带这么多的骆驼，但我并没有和他们沟通让他们减少骆驼，因为我想他们祖辈生活在大漠中，经验应该是非常丰富的。水是生命之源，对于穿越沙漠，更是尤为重要，带上足够的水，是非常正确的。

依然没有人做午饭，我又吃了一袋泡面，下午一点我们在仓促中就出发了。

踏上徒步穿越塔克拉玛干沙漠之路，我的内心非常兴奋，这是我第一次近距离和沙漠接触，我知道接下来的行程对我来说意味着什么，多天全身心投入与沙漠相关的一切事物中来，我的身心会得到很大的升华。看着眼前的这支属于我的驼队，它们满载物资，所走之处的地面上沙土飞扬，伴随着清脆的驼铃声，朝着远方的目标前进，我对接下来的旅途充满了无限的期待。

今天的路比较好走，我们沿着已经干涸的河道蜿蜒前进。虽然这里已经处于沙漠腹地了（如果把塔克拉玛干沙漠从南至北分成三段，那么达里雅布依村庄处在从南边开始的第一段结点处），但毕竟这里是达里雅布依村庄，平时大家来回走路或者车辆轧在上面，使得沙地硬一些。沿途有非常多的胡杨，我偶尔停下来拍摄驼队穿梭在胡杨林间的场景，轻松自在。

天快黑的时候，我们来到当地一户农民家里寄宿，这家农民已经离乡政府有18公里了。大河沿就一个村，稀少的村民分散在方圆2000平方公里的地方，远离乡政府的地方，走了数公里才看到一户人家。这家主人很热情，他用温暖的双手握着我冰冷的双手把我领到了屋里。我坐在火炉旁，喝着热

徒步途中（二）

徒步途中（三）

徒步途中（四）

茶，吃着“库麦琪”（当地人喜食的一种包着羊肉的饼），心里很温暖。

吃完饭后，我们大家在一起拍照，我和库鲁班、伊布拉因的合照还是我们此次徒步的第一张照片呢。我看着他们的样子，忽然想起了《魏书·西域传》里记载的关于古代于阗人的样貌：“自高昌以西，诸国人等深目高鼻，唯此一国，貌不甚胡，颇类华夏。”意思是说在古代高昌国以西的地方，人们都是深目高鼻，只有于阗人的长相不太像典型的胡人，反而比较像中原华夏人。但经过一千多年以后，生活在这里的人们也早不是之前的古于阗人了，现在的克里雅人的样貌就是典型的胡人形象啊。

农户家的主人

我们三个在农户家合影，也是我们的第一张合影

睡觉时，主人和他们两个睡在生火的房间里，把我安排在另一间没有生火的房间里，给了我一床被子。被子不是很厚，夜里的时候，很冷，但我强壮的身体，还足以应付这寒冷的天气，因此也没有起来去找被子，一直凑合着睡到天亮。

第九节　荒废房屋背后的传奇故事

徒步第二天：

清晨起来简单地吃完早饭，和主人道别后，我们就出发了。今天的路况和昨天一样，沙面比较硬，适合行走。这里有很多野生动物，如野骆驼、狼、野兔、黄羊、野猪等，但是很难看到。沿途偶尔看到几只乌鸦从上空飞过，落在胡杨的树枝上，呱呱地叫上几声。

中午的时候，为了节约时间，我们没有做饭，只是把馕就着矿泉水一起吞下。这些馕又硬又冷，真的很难下咽。中午就这么简单地凑合一下吧，等着晚上驻扎下来之后，可以好好地吃上一顿。

傍晚5点多，我们在路上发现一处被遗弃的房屋，房屋是用胡杨木和红柳枝搭建的，四周搭建的木柱之间都有空隙，四处透风，屋顶也有缝隙，正中央还有一个口子，如果生火的话，火冒出的烟正好可以从口子飘散出去。

今天已经走了20多公里了，库鲁班大叔示意今晚在这里住下。

我们从周边找来了一些散落在地上的胡杨木，然后挖了一个沙坑，把胡杨木堆在沙坑里，接着点燃沙坑里的胡杨木，破烂不堪的小屋顿时暖和了起来。库鲁班和伊布拉因开始做饭，今天的晚饭是羊肉汤、烤土豆、馕，还有零食花生、大枣和核桃，我们吃得特别香，晚餐随着他们的跪地祈祷而结束(穆斯林习俗)。

黑夜降临，我们在小屋里，围着火堆，喝着热茶，一阵风吹过，舞动的火光映射在库鲁班大叔的脸上，忽亮忽暗。走了一天的路，晚上又忙着做饭，这时倦意已经写在他的脸上，他倚靠铺在沙土上的防潮垫上，不停地打着瞌睡。

库鲁班正在忙碌着做饭

身体的食欲得到满足之后，我的思绪也开始在这片古老的沙漠里飘散开来。

这处被遗弃的房屋显然是以前生活在这里的居民所留下的，河水充足的时候，他们沿着河道而居，建造沟渠，在周边开垦荒原，种植庄稼。然而，好景不长，河道逐渐变得干涸起来，他们只能抛弃原来的家园，重新在新河道周围定居、开垦荒原。

玄奘在《大唐西域记》里记载着发生在古代于阗国境内的一个故事：一个外地来的罗汉僧预测在七天后，将会有大风暴淹没“北曷劳落迦”这座城市，除了一个人外，国王和城里的其他居民都不相信他的说法。到了第二天，大风突起，吹去城中尘土，大街上落满了各类珍宝，其他人都去抢夺珍宝，更觉得罗汉僧是在骗人了。而相信罗汉僧预测的那个人知道灾难必到，便偷偷地挖了一条地道，通向城外。结果到了第七天的夜里，当其他人还沉浸在之前捡到各类珠宝的喜悦中时，天空忽然降下沙尘，全城真的被淹没了，只有相信他的那个人通过地道逃了出来。

书中还有另外一个故事：古代于阗城东南一百多里有条大河，城中百姓引来灌溉农田，颇受其利。但有一天，河流却突然断流了。城中的一位罗汉僧告诉国王这是河龙作祟所致，要祭祀河龙才行。国王听从了罗汉僧的建议，在祭祀河龙的时候，忽然从河中出现一女子，她说道："我丈夫去世早，没有夫主可以听从，所以河水就断流了。请国王从国内选择一位尊贵的大臣，作为我的丈夫，河水就会像过去一样流淌了。"国王听后，答应了她的请求，选了一位尊贵的大臣作为河女的丈夫，河水立刻又像以前一样流淌了。

现在来看这两个传说故事觉得荒诞不经，但它里面所记载的有关风沙、河水断流的内容确实是非常现实的。时常的风沙侵害和河水断流是生活在古代于阗沙漠绿洲里的居民们所必须面对的最现实的问题。

沙漠中的风沙对生活在沙漠中的居民的影响并不像这个传说中所说的那样迅速（一夜瞬间的侵害就可以淹没一座城市，之前流淌的河水忽然断流），相反这些都是逐渐的、日积月累的。其中，对生活在沙漠中的居民影响最大的且最不利的因素，就是他们赖以生存的河道干涸了。

饭后，忙活了一整天的库鲁班露出了开心的笑容

晚上睡觉的时候，我们又挖

了个坑，用铁锹把火红的碳从之前用于做饭取暖的坑里铲出来，放在这个新挖的坑里面，再埋上一层沙子，用铁锹拍平，在上面再放上一层防潮垫，被褥和被子直接铺在防潮垫上，不使用帐篷，直接就睡在上面。

我们找来几根大的胡杨木，把它们放在火坑里，慢慢地烧着，这样火光可以照亮，方便我们夜里起来，又可以为我们提供些温暖，还可以吓走危险的野生动物等。

本以为今天夜里可以暖暖地睡一个好觉了，但是夜里很冷，而我们的被子又比较薄，被子下面坑里火红的木炭碰到冰冷的沙子后，很快就冷了下来，热量很快就散失了，无法持续提供热量。因此这种把火红的木炭直接放在冰冷的沙坑里提供热量的方法是行不通的，明天我们要使用其他的方法了。

第十节　睡在滚烫火红的木炭上

徒步第三天：

下午风呼呼地刮了起来，飞起的沙子遮住了太阳，很是凄冷。面对此情此景，想起塔克拉玛干沙漠被西方人称为“死亡之海”，维语则是走进去出不来的意思，我的心里也不免有些恐惧。相比恐惧，更多的则是兴奋，因为现在似乎进入了更深的沙漠腹地，这是以前从未经历过的体验，我自然很兴奋了。

傍晚正在做饭的时候，从大河沿过来两个村民，骑着摩托车来找他们丢失的骆驼。这儿离大河沿有60多公里，现在的沙地还算硬，可以骑摩托车，不过找骆驼能找到这里还是让我很惊讶的。

因为天色已晚，还没有找到骆驼，今天他们只好和我们一起住一晚，明天再继续找骆驼。库鲁班打开袋子，拿出来一块羊肉，用小刀把羊肉切成小

夜幕降临，温度也低了下来，
大家围着火坑前取暖聊天

库鲁班正忙碌着做饭

块。今天晚上准备做手抓饭，50多岁的库鲁班大叔做饭技术娴熟，忙活了一个多小时，香喷喷的手抓饭就做好了，油亮生辉、味香可口，我吃了两大碗后，还意犹未尽。

关于手抓饭还有一个动人的传说。相传在一千多年前，有个叫伊本·西拿的医生，在他晚年的时候，身体很虚弱，吃了很多药也无济于事，后来他便尝试研究了一种饭，想进行食疗。他选用了羊肉、胡萝卜、洋葱、清油、羊油和大米，加水加盐后小火焖熟。这种饭具有色、味、香俱全的特点，很能引起人们的食欲。于是他早晚各吃一小碗，半月后，身体渐渐地恢复了健康。周围的人都非常惊奇，以为他

美味可口的手抓饭

挖好坑后，火烧了起来，库鲁班
拿着铁锹站在火坑旁

火坑里烧得通红的木炭

吃了什么灵丹妙药。后来，他把这种“药方”传给了大家，一传十，十传百，便成为现在维吾尔族人普遍吃的手抓饭了。

今天扎营的地方在户外，没有了破旧屋舍的遮挡。昨晚我们把火红的木炭直接放入冰冷的沙坑里，热量很快就散失了，睡到夜里的时候觉很冷。我们今天便尝试另外一种方式。

在之前做饭的时候，我们挖了两个沙坑。一个用于做饭，另一个用来睡觉。用来睡觉的沙坑里也放上胡杨木，燃着，等到烧得差不多了，沙子热起来后，把火红的木炭拍匀，再铺上沙子，把被褥和被子铺在上面，然后再睡在上面。因为烧了很久，沙坑周围的沙子都是滚烫的，不像昨天那样冰冷，这样的话，即使在户外不用帐篷，沙坑里的热量也可以维持一整夜。

在睡觉的时候，刚开始被窝里还比较凉，慢慢地沙坑里的热量透过上层掩埋的沙子，传递到被窝里来，被窝里慢慢暖和了起来。晚上望着璀璨的星空，流星划过很美，想着自己现在睡在辽阔寂静的塔克拉玛干沙漠里，内心非常畅快，仿佛整个人与大自然浑然一体。劳累一天了，我很快便在疲劳中酣然入睡。

第十一节　鼠　神

徒步第四天：

清晨我们刚吃完早饭，没过多会儿，村民就在周边找到了骆驼。我们相互道别后，就继续出发了。

今天徒步的路上已经看不清连续的通向北方（沙雅目的地的方向）的古河道了，古河道被越来越多的高大的沙丘阻断。现在已不能通过古河道的流向辨别方向了，因此只能使用GPS来确定方向。每天早晨出发前，我都会把GPS打开，确认我们的目的地沙雅的方向，然后用手指给他们看。

徒步途中

美味可口的羊肉汤

每天的徒步中，走一段路后，库鲁班就会向我确认下沙雅的方向，我看了GPS后再告诉他，帮助他确认方向。其实识别方向倒也简单，根据太阳和星星的方位都能识别方向，但是识别出方向只是第一步，如果一直沿着方向走，会有很多高大的沙丘，显然我们是无法不断翻越高大的沙丘的，尤其是负重的骆驼。所以在识别出方向的前提下，我们还需要绕过这些高大的沙丘。这时候库鲁班大叔在沙漠中识别方向的能力就完全体现出来了，他带着我们不断地绕过沙丘，还能保持我们在前进目标的方向上。这点不是一般人能做到的。

沿途我看到了很多野骆驼的脚印，但是一直没有看到过野骆驼，希望途中某天能看到它们。

现在每天看到的都是像大海一样绵延起伏的荒漠，伸向漫无边际的远方，沙漠对我来说似乎已经不再那么神秘了，我很快就已经适应了这里孤独、寂寞的生活状态。徒步非常劳累，我只想早早地抵达沙雅，结束这段艰苦的旅程。这几天我特别想吃水饺、西瓜和粽子，希望早点走出去好好地大吃一顿。这些都是我内心的真实感受。

夜里睡觉的时候，我感觉有只老鼠从我脸上爬过，它强有力的爪子在我脸上产生的疼痛感，瞬间就使我从睡梦中清醒过来。几只老鼠叽叽喳喳地窜来窜去，它们发现我醒来后，一溜烟地都消失不见了。

我定了定神，难道是它吗？

玄奘在《大唐西域记》里记载了一个关于老鼠的传说故事：于阗沙漠里有个土堆，都是老鼠挖洞造成的。听当地人说，沙漠里有只老鼠像刺猬一样

徒步途中（一）

大，毛有金银样的奇异的颜色，是老鼠的首领。每次出洞活动，群鼠都跟着它。有一次匈奴十万大军来侵犯边城，在鼠坟边驻扎军队。和田国王带兵数万，过来迎敌，但仍然担心实力不敌。他们向来知道沙漠里的老鼠很奇特，但没有认为它有神力。等到敌军来犯时，无处求援，群臣都很恐慌，都毫无办法，于是姑且设置祭坛，焚香请鼠，希望它能有灵，对军队有点帮助吧。当天夜里，国王梦见大鼠对他说："很愿意帮助你，希望尽早出兵，明天会战，必能取胜。"国王知道有神灵保佑，便点起兵马，传令将士，天不明就出发，长途奔袭。匈奴得知，都非常害怕，刚要上马披甲，发现所有马鞍、衣服、弓弦等，凡是带系的，都被老鼠咬断了。敌军已到，匈奴大军只能束手待毙。士兵们斩杀了匈奴的将领，俘虏了匈奴的士兵。和田国王因此感谢鼠的大恩，建造祠庙祭祀它，世代都遵行敬重。

20世纪初，英国人斯坦因在第一次和田探险中，在今天的策勒县丹丹乌里克遗址中，还发现了一块板绘鼠王传说图，板绘约绘制于公元6世纪，画着于阗人香花供养鼠神的情节。

我想着这个故事的情节，又身处发生这个故事的地方，感到是如此的奇妙！但谁又会去在乎这个故事的真实性呢？

夜晚星空璀璨，周围万籁俱寂，偶尔听见虫子的叫声。伴随着鼾声，我进入了甜美的梦乡。

徒步途中（二）

第十二节　于阗古国

徒步第五天：

今天直线距离走了20公里，每天基本上不间断地走6个小时，五天内已经走了直线距离100公里，实际距离140公里。伊布拉因累得坐上了骆驼，库鲁班跑在最前头看如何绕过高大的沙丘，而我则跟在后面坚持徒步。

一座座高大的沙丘如大海中的波浪此起彼伏延伸到远方。空气中笼罩着一层薄薄的沙尘，遮住了冬季里本该清澈的天空。一眼望去，周围毫无生命特征，看不到任何动物和活着的植物，只有远方几处已经干枯的红柳滩，还能说明以前这里可能有河水流淌过。阵阵的驼铃声在一片死寂的环境中显得愈发清脆，我看着他们俩带着整支驼队走在前方，不禁也佩服起自己的勇气来！

在古代的时候，塔里木河可能从南往北穿越过整个沙漠，那时候的人们往来其中自然是借助河道乘船了。像法显、玄奘那些往来丝绸之路的高僧们走的都是沿着沙漠绿洲的沙漠边缘地带，自然不会走到沙漠里毫无生命特征的真正的沙漠腹地了，就连19世纪末20世纪初来到新疆探险的那些欧洲探险家们也是借助马匹或者骆驼甚至现代的交通工具才完成探险的，而不是采用徒步的方式。

白天行走的时候，鞋子里会出汗，因为天冷，过夜的鞋子里会结冰，冰和沙子堆在脚趾处，导致鞋子变得越来越紧，越来越硬，通常鞋子到了中午才能暖和起来，冰才会化掉。我此刻幻想着要是有一双沙漠靴该多好啊，之前因为时间的原因，徒步前最后一刻我放弃了专门买一双沙漠靴的想法，一双轻便又不易进沙子的鞋子对于徒步沙漠来说尤为重要。现在进到鞋里的沙

徒步途中

子倒不会磨脚，只是行走的时候，鞋里的沙子会越来越多，每隔几公里我就要脱掉鞋把里面的沙子倒掉。

晚上，我的思绪再一次在这片古老的沙漠中飞起，沉浸在无尽的遐想之中。

于阗国，是古代西域三十六国之一，在《汉书·西域传》记载道：于阗国，国王治西城，东到长安九千六百七十里。有户三千三百，人口一万九千三百，军队二千四百人。有辅国侯、左右将、左右骑君、东西城长、译长各一人。东北到西域都护治所乌垒城（今轮台县境内）三千九百四十七里，南与蜡羌相接，北与姑墨相接。于阗以西，河水都向西流，注入于西海（今波斯湾）；于阗以东，河水都向东流，注入于盐泽，黄河在这里发源（实际上黄河发源于青海境内）。这里多产玉石。

从这段记载来看，古代于阗国是一个小国家，盛产玉石。

于阗国王和居民大多崇尚佛法，境内寺庙众多。于阗处于丝绸之路的南道，古时有很多佛教僧人往来于这条古道上。东晋时期的高僧法显，于公元401年到达于阗，在这里住了三个月，亲眼看见了这里佛教发展的盛况。他在《佛国记》中记载道："其国中有十四大僧伽（qié）蓝，不数小者。"其意思为大的佛寺有十四座，其他小的佛寺和尼姑寺一定有很多，这也反映了当时于阗佛教发达的盛况。

千年之后，那一座座当年繁盛的城镇与佛寺经受不住风沙的侵蚀与战争的摧残，早已残败不堪，被风沙掩埋在了这片大沙漠里，其中就有在20世纪初期被英国人斯坦因发现并挖掘的于阗古都约特干遗址、丹丹乌里克遗址和精绝古国尼雅遗址等。他在这些遗址里发现了大量的文献和文物，如今这些文献和文物都收藏在英国与印度的博物馆里。

每次想到我国的这些珍贵文物如今还流落在异国他乡，心里总不是滋味，但我又能做些什么呢？过去发生的事情，显然我们已经无法去改变了，只能以史为鉴，男儿当自强，振兴中华，使这种事情不再发生。

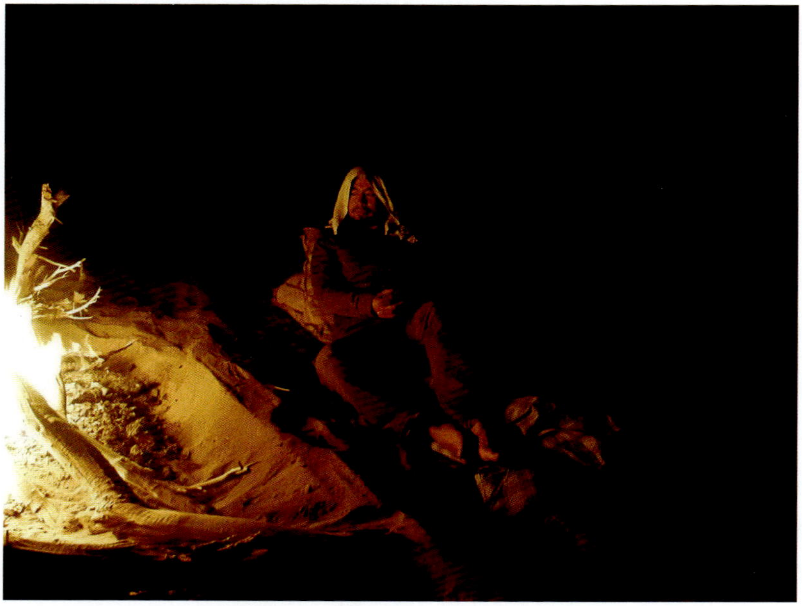

晚上靠在行囊上在火堆旁取暖

这次在沙漠中探险，我是无法去参观这些考古遗址了。我没有专业团队，因为语言障碍，我和两位向导甚至都无法进行沟通，更谈不上去参观这些考古遗址。但我坚信，在未来的探险中，我一定会重新回到这片沙漠，走近那些古老的丝路遗珍。

第十三节　走进营地的沙漠狼

徒步第六天：

这里环境非常恶劣，晚上吃饭的时候，食物经常掺杂着沙子、羊毛一起被咽到肚子里。因为没有使用帐篷，早晨醒来胡子上全是冰碴。天气比较冷，从库麦琪中流出的羊油沾到手上很快就会凝固。我们每天赶路都比较急，中午要么不吃饭，要么凉水配硬馕，要么垫点巧克力。

头发已经结成沙块了，今天驻扎营地后，我洗了个头，除了保持清洁外，还希望能多使用点水，给骆驼节省点力气，以便走得快些。

快吃晚饭的时候，一只沙漠狼慢慢地向我们生的火堆走来，我用手拍了拍伊布拉因，用眼光示意他有狼来了，他喊了两声，狼便跑了。沙漠狼，个头非常小，所以我们没有丝毫担心，我想如果真的和狼打起来，一个人打几只狼应该是没有问题的吧。整个沙漠仿佛死寂一般，这只狼是我们六天来第一次见到的活物。关于狼的很多问题，因为我和他俩语言不通，所以无法及时地向他俩问清楚。

库鲁班做的库麦琪非常香，要趁热吃，否则一会儿里面的羊油就凝固了

羊油遇冷很快就凝固在手上

沙漠里美丽的日落，被涂上了一层泛黄的沙漠色

第十四节　梦幻尼雅

徒步第七天：

骆驼已经七天没喝水了。今天我们直线距离走了17公里，早早地就结束徒步，开始准备挖坑找水。刚刚我们看到一处干枯的红柳滩，这些红柳晚上可以用来生火做饭取暖，而且红柳滩处于一片低洼处，根据经验判断，这里可能有水，库鲁班因此决定我们今天就在这里安营扎寨。

安营扎寨后，库鲁班和伊布拉因开始在红柳滩旁挖水。经过库鲁班和伊布拉因一个多小时的努力，水渐渐地渗了出来，不一会儿，满坑全是水。伊布拉因小心翼翼地用铁盆把水从坑里舀出来，库鲁班把一只只骆驼牵过来饮水。可是当骆驼凑过来闻了一下水时，就走开了，没有喝水。好奇怪，骆驼为什么不喝呢？当时我不是很明白，因为语言问题我们无法沟通，我无法问他俩是什么原因。后来，我查了相关的资料，才明白骆驼不喝水的原因可能是水太苦咸了。今天所费的努力都白费了，并没有解决骆驼喝水的问题。

关于在沙漠里如何挖水，是有一些经验的。有植物存在的地方，周边一定是可以挖到水的，即使在不同的植物周边，我们挖到水所需要挖的深度是不一样的。比如在干枯

伊布拉因和库鲁班忙活着把挖出来的水端给骆驼喝

在我们的露天营地，他们在吃着方便面，我在煮着牛奶

的胡杨周边，我们要挖到10米至12米处才可能会挖到水；在干枯的红柳周边，要挖到6米至8米处才可能会挖到水；在干枯的芦苇周边，要挖到2米至3米处才可能会挖到水。显然这里的深度是相对的，只是反映由于不同的植物根系发达程度的不同，它们在地下所能伸展达到的深度也不同罢了，比如胡杨根系发达，即使生存环境恶劣，地下水已经非常低了，但是它的根依然可以抵达地下很深的位置，依然可以活下来，但和胡杨比起来，芦苇的根系没有那么发达，伸展不到地下那么深的位置，因此它所生存的环境就必须相对较好才行（地下水的水位不会太深）。上面的这些数据深度并不是严格绝对的。

塔克拉玛干是一片大漠，但地下水非常丰富，这是因为古时候有很多河流经过这里，甚至穿过整个大漠，水渗透到地下，大面积储存起来，形成了地下水。古时候，这里有很多沙漠绿洲，生活着许多小的国家，其中便有西

徒步途中（一）

徒步途中（二）

域三十六国之一的“精绝”。精绝国不是只在小说里才存在的，而是在历史上真真实实存在的，其尼雅城遗址就在塔克拉玛干沙漠腹地，就在我现在身处位置不远的地方。

据《汉书·西域传》记载，西汉初年，西域有很多小国，史称“西域三十六国”，千百年后，这些小国当年的城郭都渐渐掩埋于大漠黄沙之中，销声匿迹。伴随着19世纪末20世纪初，西方殖民者在中国新疆的考古发现，一座座极具传奇色彩又颇富学术价值的古城重新走入人们的视野，其中一座便是当年西域精绝古城的遗址——尼雅遗址。

关于历史上的尼雅，《汉书·西域传》对尼雅记载道：“精绝国，王治精绝城，户480，口3360，胜兵500人。精绝都尉，左右将，译长各一人。”可见精绝国只是一个非常小的国家。

尼雅遗址是怎么被发现的呢？这里不得不提到英国人斯坦因。

斯坦因是唐玄奘的粉丝，对唐玄奘的作品《大唐西域记》研究很深。1901年1月，他根据《大唐西域记》的记载来到了地处塔克拉玛干南部腹地的尼雅民丰县。在这个偏僻村落里，他发现了几块写有古文字佉（qū）卢文的木板，其字体和公元1世纪时流行于大月氏王朝统治时期的文字非常相似。

佉卢文最早起源于古代犍陀罗，后来贵霜帝国（大月氏建立的帝国）继承并发展了这种文字，这种文字在中亚地区广泛流行。公元3世纪，贵霜帝国开始衰落，贵霜难民迁入塔里木盆地，于是佉卢文开始在于阗、鄯善等地传播，到了5世纪左右，佉卢文渐渐衰落，消失在历史长河中。

尼雅遗址出土的丝锦上的尼雅人形象

经过询问，斯坦因很快就找到了发现这些木板的当地年轻人伊卜拉欣。伊卜拉欣是在沙漠之中的“古城的房屋”里找到它们的。为了寻找财宝，他在一年前去到那里，可是只找到这些对他无用的木板。他带回来了六块，回来的时候扔掉了几块，余下的给他的孩子们做了玩具，不久就被毁坏了。当他看到别人在捡到他丢弃后的木板交给斯坦因得到了奖励时，后悔不已，为了丰厚的酬劳，便欣然答应带着斯坦因重新前往那处“古城的房屋”。

他们沿着尼雅河前进，等到河流的尽头消失在沙漠的深处，他们便来到了“古城的房屋”，也就是尼雅遗址。

这座千年古遗址分布在方圆几十公里的范围内，大体分为南北两大部分，南部只有十余间房子，比较高大，可能是王室，北部则零零星星地分布着很多比较矮小的房屋，可能是平民区。可以看出，当年精绝国的居民们以穿城而过的尼雅河为界，分居南北两区。遗址中心有一座损坏严重的佛塔，依然流露出千年佛韵，可以想象得出，当时笃信佛教的精绝国臣民们，沿河而居，引水浇田，经营绿洲家园的景象。

两汉时期，尼雅古国文明走向了辉煌。但是，水源短缺、风沙肆虐，始终是被沙海所围的尼雅人面临的威胁。

随着佉卢文书的破解，我们了解了越来越多关于尼雅的细节，那时尼雅人为了保护环境，不断种植树木，还曾经颁布了世界上最早的森林法：严禁砍伐活树，违者罚马一匹，哪怕是砍了树杈，也要罚牛一头。

国宝“五星出东方利中国”织锦

真品藏在新疆维吾尔自治区博物馆中。“五星出东方利中国”文字织锦堪称锦中绝品、丝路遗珍。至今仍残留在屋梁上、佛画中以及墓穴间的形态各异的飞龙，则是四大古国文明碰撞、融合与西域人民独创精神的最好见证。

徒步途中，远远的沙丘上是我们的驼队

徒步途中

发现的文书还披露，精绝国的水、种子都由国王亲自管理，用以维系生存。尽管在严酷的环境之中，尼雅人如此谨慎和努力，他们最终还是消亡了。根据史书记载，精绝国被后来南迁的鄯善国（楼兰国）灭国。都城被废弃的原因，很可能是面对如此恶劣的生存环境，城中百姓们只能遗弃家园而逃向其他地方。

唐玄奘在从印度取经回来时经过这里，他在《大唐西域记》中记载："尼壤城（即是尼雅城），此城三四里，处在大沼泽中。沼泽炎热潮湿，难以通过。芦苇荒草丛生，无路可走。只有通过此城的路，勉强可以通过，所以来往的人都经过这里。古于阗国把它作为东部边境的关卡。"可见唐朝初年，那时的尼雅城是作为关卡存在的，还没有被完全遗弃。

可是不知什么时候，曾经的繁华都城完完全全成了一处没有人烟、没有绿色的死亡之地。只有一片片枯死的胡杨林和红柳滩以及残破不堪的古建筑，还有在黄沙中时隐时现的木棺和白骨。

这里是中华民族的一处伤心地，斯坦因先后从这里盗走了很多文物，包括大量的佉卢文、汉文木牍、印度的棉织物、中原的锦缎、漆器、铜镜、写有各种文字的纸片、文书、西亚的玻璃器皿和具有希腊风格的各种精美的艺术品等，如今都藏在大英博物馆和印度博物馆内。

第十五节　红柳滩

徒步第八天：

每天最忙碌的时候就是早晨给骆驼装物资的时候，骆驼经常不配合，会用唾沫喷人、踢人，有时候还会溜走。今天有头骆驼企图溜走，被库鲁班追了回来，我也堵住了它的去路，但去抓它绳子的时候，我站在它侧面，被它后腿踢了一下。我是没事，不知道它有没有事，我的腿也是很硬的，哈哈。毕竟摆腿不是后踢，如果是后踢，我的腿估计要废了。

今天伊布拉因有类似感冒的症状，有些咳嗽。虽然我身体素质很好，几乎从不感冒，但为了他俩，出发前我一直想着要买感冒药的，但还是忘了。我只好把治嗓子的药拿出来给他吃，还煮了碗牛奶给他喝，希望他不要病了。他如果病了，每天有很多活就得由我来干了（并不是我不愿意干，而是我干的没有他专业），这样的话，会严重影响整个徒步的进程。

每天傍晚，我们扎好营地后，他们俩先是把物资从骆驼的身上卸下来（每天在卸载货物或者是装载货物的时候，他们会朝下用力顿几下套在骆驼鼻子上的缰绳，骆驼便乖乖地跪在地上了，这样更方便卸载或装载货物），让骆驼休息。然后打开袋子，把骆驼吃的料拿出来，喂给骆驼。骆驼吃好后，它们会在营地周边游荡，有时候会走得比较远，天黑的时候，库鲁班和伊布拉因会把它们都找回来。

物资卸下后的骆驼（一）

物资卸下后的骆驼（二）

我们的露天营地

为了生火，我们扎好营地后，还要到周边去找柴火，通常是干枯的胡杨和红柳。现在我们越来越靠近沙漠腹地了，已经没有了胡杨，只有红柳滩了。往往隔数公里才能发现一簇红柳滩，这些红柳早已经死了，像手臂一样粗壮的枝干见证了它们的年岁。

我突然想起了新疆农业大学的那位教授说的话："徒步穿越会破坏生态。"我现在理解了他说的话。这些可能有着几百年历史的红柳枝被我烧了之后，就不会再有了，尽管是已经死了的，可能永远无人观摩，但它们簇立在沙漠里，我想应该也是有意义的吧。

第十六节　发现"外星人"

徒步第九天：

可能是因为昨天直线距离只走了13公里，徒步量太少了，毕竟我是按天给他们付钱的，还有我想尽快穿越成功，不想把时间拉长，因此我有点上火，早上左腮肿了起来，疼得厉害，吃了两片阿莫西林后，晚上基本痊愈了。

今天接近中午的时候，我突然远远地看到白色的圆柱体形状的房子，若隐若现，我当时非常兴奋，还以为是发现了外星人呢，又有些担心，如果真是外星人该怎么办呢?

过了一会，又听到了轰隆隆的声音，远远看去，是一辆卡车。待走近时，一条公路赫然出现在眼前，这可能就是传说中的沙漠公路吧。公路的出现，把我从在古老沙漠里牵着骆驼徒步的时空中拉回到了现实：有修得很好的平坦的公路不走，为何偏偏要翻越一座座高大的沙丘呢?

我可是在真正地穿越沙漠啊!

穿过公路，对面有一片建筑，我走进一处院子，和里面的人打招呼。问

徒步途中看到的远处的卡车，
公路模糊可见

徒步途中看到的远处的白房子

石油公司正在开采天然气

了之后才知道他们原来是塔里木石油公司的工人，正在沙漠深处开采天然气。我们走了九天后终于看到了人，心里很兴奋，这些工人们也很兴奋，他们平时因为工作很少回家，很少见到外人，更不用说还是一支从大漠深处走来的驼队，他们都争着和我们拍照留念。

我们告别后，继续前行。沿途一直没有看到可以用来生火的红柳滩，天快黑了，我对暖暖的沙坑已经不抱太多的希望了，准备直接吃凉的，睡在凉沙子上了。不过今天的运气很好，就在我们快要放弃的时候，我们找到了一簇干枯的红柳滩，这样晚上的火就有着落了。我们很快便在红柳滩的附近安营扎寨。

行走了一天，今天直线距离走了18公里，我已经非常累了，但依然要坚持着走很远，爬到巨大的沙堆上面折断红柳枝作柴火用，然后一趟趟地把它们拖回营地。作为柴火，红柳枝不如胡杨木，胡杨木燃烧的热量特别足，燃烧后能看得出来是上好的碳。

第十七节　第二次挖水

徒步第十天：

这几天偶尔刮些风，小风刮着，虽然有些冷，但天气很晴朗，使我依然感觉很舒适。今天沿途看到了不少的红柳，还发现低一点的沙坑里有水的痕迹，我猜测不久前塔里木河或者其他河流流到过这个地方，因此这里有着丰富的地下水。这说明我们应该快到沙雅了，因为这些河流不可能会流向太深的沙漠腹地。GPS显示到沙雅的直线距离还有一百公里左右（因为沙雅是县城，后来证明离实际的目的地盖孜库木乡还有160公里左右。）

骆驼已经十天没有喝水了，扎好营地后，库鲁班和伊布拉因在有水的痕迹处开始挖水，很快就挖出了水。他们俩把骆驼牵过来一一地给它们喂水，

库鲁班和伊布拉因正在把物资从骆驼身上卸下来

加热已经冻成冰疙瘩的苹果和牛奶

幸运的是这次挖的水不像上次挖的水那么苦咸了。看着骆驼畅快地饮着水，我们的心情也舒缓了很多。

每天吃饭的时候，要先处理已经结冰的食物，我带的苹果、牛奶和八宝粥都已经冻成了冰疙瘩。不过我处理起来非常简单：把苹果削掉皮，牛奶包装盒用刀划开，把冰疙瘩苹果和牛奶块一起放到吃饭用的小盆里，加点水后放在火堆旁加热。过一会牛奶冰疙瘩和苹果里的冰碴就完全融化了，浸入了清香的苹果味的牛奶很是香甜，再把苹果直接吃掉以补充维生素。不过真正的能量补充还要靠每天晚上的一顿羊肉汤，每天长距离的沙漠徒步会消耗很多的能量，人如果不摄取肉类，真的是走不动的。每天在沙漠里徒步30公里相当于生活中在平地上徒步50公里，其难度可想而知。

第十八节　维持沙漠绿洲的生命之源——水

徒步第十一天：

这么多天的徒步后，我已经失去了之前对沙漠的新鲜感，有些倦了，我想尽快走出去。我觉得水带的太多了，带了70箱水，每箱12瓶。已经走了10多天，行程都快结束了，但还没用掉20箱，因此我想拿出来20箱水给骆驼喝掉，这样既能及时给骆驼补水，又能减轻骆驼的负重，这样就可以走的快些了，等抵达沙雅后再补上水即可。

我示意他俩我的想法，他们很快就明白了我的意思，但他俩不愿意那么去做。我打卫星电话给司机，告诉他我的想法，再让他俩和司机通话沟通，一番沟通后司机跟我说：“他俩坚持不愿意，他们说水是非常重要的，在沙漠里如果没有水了，就非常危险了。”我当时想，我们带的水是很多的，即使出现了意外，没有水了，我们还有卫星电话，我们可以打电话向外面求救（现在想想，我当时想的真是太简单了，哪那么好求救啊？进入一片辽阔的大沙漠

徒步途中

里面营救太艰难了）沟通后把水喂给骆驼的想法还是只好放弃了。

其实他们也想早点赶回家，以至于到了沙雅后，他们甚至连在沙雅多待一天补充补给的想法都没有。我想对于世代生活在干旱沙漠环境里的他们来说，一定会比其他人对关于“水”这个生命之源有着更深刻的理解，所以他们才坚持宁愿让骆驼负重驮着这么多的水去沙雅，宁愿耽搁时间，也不能冒险缺水吧。

不过从目前行走的情况来看，每天行走的距离还是很好的。平均每天行走30公里，直线距离20公里，我的身体也快到体能极限了，不能再快了。

平时白天在我们路过高大沙丘的时候，偶尔会有手机信号，库鲁班会爬到高大的沙丘上打电话，向家里人报平安。我远远地看着他在沙丘上不断地调整方位，以获取最佳的信号位置，电话幸运地接通后，他会非常激动，说话的声音能被听得非常清楚。这时，可能是他一天中最开心的时刻吧。

晚上我把卫星电话拿出来，让他们给家里打了电话，库鲁班非常感动地竖着大拇指跟我说："阿达西（维语'朋友'的意思），好，好！"

沿途我一直在给他们各种各样的东西：手电筒、电池、药、膏药、吃的食品等，但现在看来，提供卫星电话让他们及时和家人报平安才是他们最需要的。

伊布拉因正在用刀子清除库麦琪上面烧焦的黑炭

第十九节　古老的烽火台

徒步第十二天：

早上出发走了几公里后，我们发现了有车轮碾压出的路辄，路辄的方向正是我们前进的方向，因此我们沿着路辄走就可以了，不用选择路线，这为我们节省了很多时间，骆驼走在这些被轧的比较坚硬的路面上也轻松了很多。

又走了数公里后，碰到了中石油公司的人在勘探石油，我问工作人员离我们所在位置最近的乡镇是哪个（沙漠周边有很多乡镇），他们告诉我是盖孜库木乡，离我们大概有50多公里，我听到之后，欣喜若狂，马上就能抵达目的地了！

我们和他们告别后，继续走了数公里，中石油的一辆大车朝我开了过来，有两个人坐在车里。他们说刚才远远地看到我在沙漠里一个人走着，专门过来看一下我是不是迷路了。我向他们表示了感谢，告诉他们我是来徒步穿越沙漠的，当他们听到我们是从和田过来的时候，都惊诧不已，不敢相信我说的话。

我跟他们又确认了一下盖孜库木乡的距离，可他们说还有80多公里。我有点沮丧，一下子多出来30多公里的距离，意味着要多出一天的行程。看来我们要重新确定一下到底要去哪一个乡镇了，是托依堡还是盖孜库木呢?

沙漠里是没有路的，直接导航显示距离是不行的，要想确认到托依堡或者盖孜库木的距离，只能输入这两个位置的坐标才行，但我不知道它们的坐标（不得不承认，我进入沙漠前的功课没有做到位），现在因为没有网络，没有办法查到。当时我进沙漠之前，只是把沙雅县的坐标输入到了GPS。

徒步的前阶段，按照沙雅县的大方向走，是没有问题的，但是，现在徒步的终点需要具体化，我们不可能直接到沙雅县城，另外从沙漠里走出来，肯定是要先经过某个乡镇的。因此我们需要确定哪个乡镇离我们更近，更近的距离意味着用的时间更少，花的钱也就更少。但现在只能通过询问路人的方式来确定了。

围着火堆旁等待着晚餐的库鲁班和伊布拉因

吃完晚饭后，库鲁班正在火堆旁修补衣物

晚上的时候，我的手机突然收到了一条信息，是我小姑发给我的，她问我现在在哪，朋友圈里好久没有见到我发动态了，打我的电话也打不通，她很担心我。

我用卫星电话给她打了个电话，告诉她我现在在新疆塔克拉玛干沙漠里，她不明白我为什么会跑到危险的沙漠中去，让我注意安全。我告诉她过几天我就走出沙漠了，她放心多了。

我平时做事就是这样的，为了方便做事，不受别人打扰，我很早就从亲人群里退了出来，我也从来不跟亲人们说我去了哪，要去哪，习惯了一个人独来独往，说干就干。亲人们平时也很少关心我，因为他们觉得我在外面的生活能力很强，什么环境我都能适应，什么事我都能处理得好。只有他们长时间在朋友圈里看不到我去动态，才会发信息问我最近去哪里了。

在一片荒无人烟的大沙漠里，手机突然发出了收到信息的响声，是一件很奇特的事情。远距离的信息传递，古时候是通过在烽火台上点燃烽燧，或者是通过人力、马力极速穿梭于古驿站来传递实现的，我们可以想象对于那些紧急的信息，需要快马加鞭，加急传递，因此一天之内跑死几匹马的情景也是正常的。

在这片古老的沙漠里，也是这样的，那些至今仍默默矗立在一座座古遗址里的残败不堪的烽火台就是最有力的历史见证。然而，时代发展到今天，似乎最能代表这片大地上与之相符合的古老的信息传递方式却被一条“叮铃”的手机短信所代替，怎么能不让人觉得很奇特呢？

第二十节　丝路驼铃

徒步第十三天：

走在大卡车轧出的车辙路上行走真的为我们节省了很多时间，虽然偶尔没路了，但翻过几个大沙丘，又能发现另一条朝着沙雅方向的车辙路。

今天直线距离走了23公里，我实在是筋疲力尽了，人瘦得厉害，像被掏空的一样，买的巧克力前几天也吃完了，白天走路的时候，中午只能什么都不吃。

我偶尔把手机打开，播放着《射雕英雄传》里的主题曲，边听边走，想象着当年在蒙古大漠中成吉思汗弯弓射大雕的场景倒显得有些悲壮和苍凉。路上经常能看到野生动物的脚印，但除了前几天晚上看到的那只狼，再也没看到其他动物，直到今天在路上看到了一只小鸟，这说明我们真的快到了沙漠的边缘了吧。

每天叮叮当当的驼铃声就是我们的音乐，我聆听着，深深地被这古老而又熟悉的铃声所打动，正是这千百年来回响在商队经过的古道上的特殊旋律，常伴着旅人和商队展开了一幅幅多姿多彩的沙漠生活场景。

吃完晚饭后，坐在火堆旁依偎在行囊上取暖

我走在后面，耳朵里总会产生一种类似公鸡鸣叫的幻听，也许这种鸣叫声根本不是我的幻听，而是千年西域文明的回响，是曾经生活在这里的古人们留在沙漠里的余音。

每次注意到这种叫声时，我就会联想到外面的农家，满院鸡跑的那种农家，我真是太怀念沙漠外面的生活了。晚上确定了盖孜库木乡为我们此行的目的地，抵达目的地也就是这两三天的事了。

第二十一节　重见胡杨林

徒步第十四天：

每天清晨启程时，沙漠独具的美丽总使我非常兴奋。这时，月亮还高挂在空中俯瞰着这片大沙漠，而血红色的朝阳已经开始冉冉升起，荒凉的沙丘被日光染红，好像流淌着的火山岩浆。空气清新，每一口呼吸都透彻心扉。

GPS上显示离目的地沙雅还有45公里，心里想着很快就能回家了，一路上不停地走，途中碰到了很多中石化的工人，他们大部分是东北人。

伊布拉因牵着骆驼走在前面，俩东北小伙过去跟他打招呼，递烟给他，我在后面和小伙说了声“你好”，他听到后向我走来，递烟给我，说我汉语说得不错。他们居然把我当成维吾尔族人了啊！他们告诉我沿着我们目前的这条路走，很快就能到盖孜库木乡了。

走了数十公里后翻过了一个大沙丘，放眼望去，前面是一片胡杨，我们不停地向前走，大面积的胡杨越来越多，终于又到了胡杨林，看了10多天的沙漠后，看到胡杨心里顿时开朗起来，踏实了很多。不说别的，有胡杨晚上的柴火就有着落了，不需要到处找柴火了。

第二十二节　走出沙漠

GPS上显示的我们离目的地的距离

徒步第十五天：

我早上六点从暖暖的被窝里爬起来，把即将熄灭的火堆重新燃着，然后把库鲁班和伊布拉因喊起来，早点准备，早点出发。“走出沙漠”“早点回家”的愿望已经让我兴奋不已了。

我本来想好好洗个头、洗个脸去迎接外面的文明社会，后来想一想还是算了，保持最真实的我吧。

GPS上显示还有最后约24公里的直线距离，现在没有了高大的沙丘，沿

沙漠路已经变成了盐碱地，车辙印清晰可见，说明我们已经快走出沙漠了

途是分布着胡杨林和红柳滩的相对平坦的路面，走起来会容易很多，我想这段距离，最多花4个小时就能走完吧。想到走出大漠的感觉，我心里不禁高兴起来。

出发前为了最快抵达目的地，我们决定卸掉骆驼身上的所有补给，这么做一是为了提高速度，二是为了安全，三是为了方便，我们虽然因为语言无法沟通，但在这点上却是不谋而合。

简单地吃了桶泡面，早上7点40分我们便出发了，没想到出发没多久又看到了高大的沙丘，不过这次骆驼身上已经没有了负重，爬起沙丘来容易多了。路上看到了一条清澈的河，水对于已经5天没有喝水的骆驼来说太重要了，尽管我心里想急着赶路，但还是允许他们就地给骆驼饮水。河水结了一层厚厚的冰，我们大概花了15分钟的时间才在冰面上砸了个洞，得以让每只骆驼喝到水。骆驼饮完水，我们的心情都轻松多了。

沙漠路已经变成了盐碱地，车辙印清晰可见，说明我们已经快走出沙漠了

伊布拉因正在破冰取水给骆驼喝

骆驼正在畅快地喝水（一）

骆驼正在畅快地喝水（二）

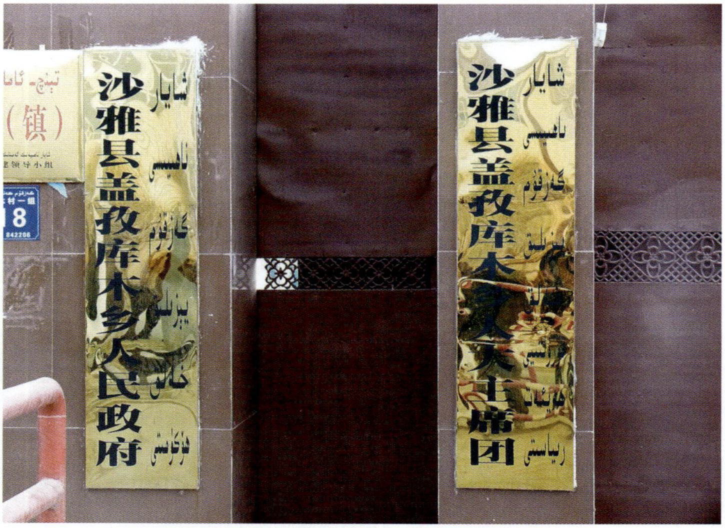

盖孜库木乡政府

事实证明，我们今天早上把物资卸载放到昨晚的宿营处是正确的，因为驼队吸引了周边很多人的注意，他们都跑过来留影、骑骆驼，带很多物资会吸引太多人的注意，别人也不知道我们的包裹里装的是什么，如果有人打这些包裹和骆驼的主意，那样就很不安全了。另外，从骆驼上卸载物资以及把物资装载到骆驼上会非常不方便。另外我们从外面来，当地公安部门会对我们的物资进行安检，尽管我们没有携带任何违规犯法的东西，但开包检查大量的包裹，肯定会造成很多的不方便。

乡政府和派出所里的民警也出来了，他们像普通民众一样和骆驼合照留影。有人问骑骆驼走一圈要不要钱，多少钱，实话说我是不愿意他们再这么打扰我们了，我们今天已经走了40多公里，15天来已经连续走了480公里，太累了。

可是人们欣喜好奇的心情难以抵挡，库鲁班和伊布拉因又是非常淳朴的维吾尔族人，看到周边充满热情、满眼期待的人们，他们俩还很热情地用手托住别人的一只脚作为支撑，把别人送到骆驼的背上，然后牵着骆驼走一圈，总是来者不拒，不厌其烦。

费用当然是免费的，他俩都是非常实在的人，平时在与世隔绝的达里雅布依生活着，极少去远在200公里外的县城，他们日子过得平淡，少了些世间的烦扰和金钱意识，这也正是达里雅布依人深居在那里的初衷。

待到人群散去，天色已黑，他们俩把骆驼牵到旁边的小树林里，才过来吃饭。我们已经15天没吃到饭店里的饭了，每个人都狼吞虎咽起来，我一杯杯地喝着热茶，满满的幸福感和踏实感。

我们点的拉面

我们正在吃着饭，警察们过来了，是为了安检，他们客气地让我们先吃完饭，然后把我徒步包里的东西拿出来检查拍照，又看了下我们的身份证，都没啥问题。一切检查都是为了安全，我完全支持和理解他们的行为。检查完后，我们相互道谢，我谢他们严格地执行安检，他谢我很好地配合安检。

我跟警察说，麻烦他们待会给库鲁班和伊布拉因找个住的地方，警察们欣然答应了。说实话看到警察，我心里对他俩放心多了，他们毕竟从和田来到阿克苏，人在外地，事多人杂，很难说会发生什么事。

抵达了盖孜库木乡后我们三人的合影

警察走后，我们坐在饭店里等着叫的出租车来，一会我要回沙雅县城了。明亮的灯光下，看到库鲁班满脸的疲惫，他是一个瘦弱但很讲究的人，一路走来饭都是他做的，饭虽然没那么精致但尽量保证每天的饭都不重样。53岁的人了，只有今天骑了一会儿骆驼，他不像我，我可以跟在骆驼后面，踩着骆驼的脚印爬沙丘，能节省不少力气，而他需要在前面指挥伊布拉因如何带着驼队绕过高大的沙丘，所以他经常要先爬上高大的沙丘，费的体力自然比我要多。

伊布拉因说晚上如果找不到可以让骆驼待的地方，就返回到昨晚宿营的地方，我听后觉得他简直疯了，晚上走40多公里再回去?！白天就绕来绕去的，晚上能不能找到那个地方了？会不会走冤枉路？所以我说你们最好在这里住一晚，明天白天再返回去，他说好。

我到隔壁超市，给他俩买了瓜子、花生，饮料等，让他们带着，等他们返回达里雅布依的路上再吃。我给他们配齐了各种药，徒步双仗也给了库鲁班，本想卫星电话、GPS和充电宝都给他们用，可他们并不会用。

他俩都是非常勤快的人，就是缺乏时间观念，说好的时间，总是不能按时出发，因此拖慢了我的行程，这是一路让我有些烦恼的事。但话说回来，他们那么慢悠悠地生活着很好，如果让他们急匆匆地生活，我倒有些罪恶感了。不管怎么说，今天已经安全抵达沙雅，他们尽了自己的责任和义务，我对他们除了感激再无其他。

我叫的出租车来了，我要去新和了（出租车司机告诉我，新和县城更近，于是我去了新和）。和他们道别时，看到他们满脸的真诚，我眼眶湿润了，希望他们返回的路上一路平安，早日回到达里雅布依！

在去新和县城的路上，行驶着很多的大卡车，两旁高高的树木林立，这是我熟悉的新疆。路过托依堡镇，看上去是那么的繁华和热闹，小汽车也越来越多，阔别15天后，经过艰难跋涉，风餐露宿，我终于重新回到了社会中，真好！

我到达新和后，找了家酒店住下来。已经15天没有洗澡了，我畅快地洗了个澡。在酒店里我称了下体重，整整瘦了10公斤，接下来的两天内，我哪里也没有去，一直待在酒店里休息，我的左脚面疼得厉害，后来过了整整半年才恢复正常。

我徒步穿越的费用还没有给他们，之前出发的时候，我只付了定金两万块。那么我该付给他们多少余款呢？

每天他们早晨起得都非常早，6点半就起床了，我想着为了赶路，早晨可以吃些方便面之类的简单食品，等到晚上，再好好地吃一顿，但是他们俩早晨起来后，就开始和面切肉做饭，早饭吃得是很好，却耽误了很长时间，每天总是在9点半甚至10点钟才出发。试想下，我们徒步一共花了15天，在这15天里，如果我们每天能早出发2个小时，那么15天就能节省30个小时，按照每天有效徒步6个小时来算，节省30个小时，就相当于节省了5天。而且，因为他们是作为我的向导陪我徒步穿越的，那么他们返程的费用也应当是由我来负责。他们返回达里雅布依有两种方式：一是，租几辆大卡车，载着骆驼沿着沙漠公路回去，这种方式非常贵，他们也不会舍得花这个钱，而且达里雅布依在沙漠腹地，最后的几天路，大卡车开不进去，还是要徒步回去；二是，原路徒步返回。显然第二种方式更合适些，他们也愿意选择原路返回，之前每天沿途徒步的时候，他们有刻意地把瓶子放在红柳滩或者胡杨的树枝上，作为回去时的标记。考虑到回去时，物资少了，又少了我，回去的路相对没有那么辛苦了，因此回去的费用，他们让我付来时所需的一半费用即可。这次徒步花了15天，也就是说我要付来时15天加上返回7天半，一共22天半的费用。那么按照之前算的如果每天提前两个小时出发的话，就一共能节省7天半的时间，每天2000元，一共15000元。而现在的费用一共是45000元。如果按照刚才算的节省15000元的话，那么我付30000元就可以了。

我拨通了他们村干部的电话，跟他们说，库鲁班大叔和伊布拉因两个人非常好，非常勤快，就是缺少些时间观念，每天出发太晚了，这样我的行程就被拉长了。我把之前算的过程跟他说了下，他非常理解我。我说这样吧，平均一下，来时加返回，我一共付给他们20天的费用40000元吧。他欣然同意后我把余款转给了他，又打电话跟司机说了这个事。

半个月后，司机告诉我，他俩已经返回达里雅布依了，返回用了12天。我悬着的心终于落了下来，此次徒步算完美结束了。

第三章　千年高昌

高昌故城寺庙遗址

第一节　高昌地理历史概述

高昌地区，位于今天的新疆东部吐鲁番盆地。这里四周都是大山，南临库鲁克山，北倚天山东部的主峰博格达峰，中间的火焰山绵延两百余公里。高昌地处丝绸之路的北线，自古以来就是中西交通的要道，也是南疆“城郭”诸国北通草原诸“行国”的通道。

吐鲁番盆地，自汉至魏一直被称为“车师前国”，或称为“车师前王庭”，都城在今天的交河古城。汉朝在此地设置戊己校尉，开垦戍边，因此地“地势高敞，人庶昌盛”，即称之为“高昌壁”，今天看到的高昌故城可能就是在高昌壁的基础上修筑的。从那时候起，高昌之名就一直被历代所沿用。

三国时曹魏和西晋时期，都沿用汉制。西晋末年，高昌隶属于前凉、前秦、后凉等地方政权管辖之下，在此地设置“高昌郡”。

公元460年，高昌郡被柔然控制后，不久，柔然贵族立阚伯周为高昌王，从此进入“高昌国”时期，一直延续到麴氏高昌国。

公元640年，唐朝灭麴（qū）氏高昌，在此处设置西州，同时，并在此地设置了安西都护府。这里一直是唐代在西域统治的政治军事和经济文化的中心之一。

唐末，吐蕃曾经一度占据高昌。9世纪后半叶，居住在漠北的回鹘人大量西迁，赶走了吐蕃的势力，占据了高昌，建立了回鹘高昌政权。

元朝时期在此地设置哈喇火州宣慰司。元朝末年，回鹘高昌被察合台后裔所灭，兴起了吐鲁番“地面”（一种行政区域的称呼），直到清朝重新统一新疆，这里一直是新疆政治军事重镇之一。

第二节　高昌故城

在吐鲁番有一座故城遗址名为高昌故城，是世界遗产“丝绸之路：长安—天山廊道的路网”中的一处遗产点。在汉代时，它就是吐鲁番盆地的中心城镇，一直到13世纪末高昌回鹘时期因为战争毁坏，时间跨度长达1400年左右，是世界宗教文化交流融合地之一。

如今的高昌故城由外城、内城和宫城三重城构成，城址内分布着大量寺院建筑遗址和宫殿遗址，寺院建筑内有摩尼教壁画和佛教壁画、塑像等。内城北部正中央有一座不规则的方形宫城，俗称“可汗堡”。宫城在最北面，外城的西南角和东南角保存着两处寺院遗址。

可汗堡

高昌故城寺庙遗址（一）

高昌故城寺庙遗址（二）

高昌故城遗址里出土了大量的遗物，主要有陶器、铜器、铁器、木雕、文书、壁画、钱币等。其中出土的一幅佛像壁画残片，佛陀圆脸胖身，身上穿着通肩衣，站立在莲座之上，造型丰满，与唐代佛像特征比较接近。

看到遗址内出现大量的佛教寺庙，很多人可能会觉得奇怪，很多新疆少数民族不是信仰伊斯兰教的嘛？不错，现在他们的确信奉伊斯兰教，但是他们在信奉伊斯兰教之前的很长一段时期都是信奉佛教的。

佛教大约于4世纪传入高昌并开始兴盛，寺庙如雨后春笋般出现在这里。这个时期由于中原战乱不断，大量汉人或者汉化了的匈奴人迁入高昌，来到这里称王，因此汉族文化在高昌影响极深。

佛教在高昌的发展受到汉族宗教信仰和当地民族风俗习惯的强烈影响，因此高昌壁画里还经常掺杂着其他宗教的元素，比如祆（xiān）教、摩尼教，特别是道教的元素。

而他们信奉伊斯兰教是在13世纪末，蒙古人入侵后，强迫他们信仰伊斯兰教的。

第三节　佛教石窟艺术的产生

佛教约在公元前6世纪至公元前5世纪产生于印度北部的迦毗罗卫（今天的尼泊尔境内），但在相当长的一段时期内，只在恒河流域一带传播。直到公元前3世纪后期，印度进入孔雀王朝时期，拥护佛法的阿育王才使佛教在全印度传播开来。佛教在这一时期得到了极大的发展，印度现在的古代佛教艺术遗产有很多都是这一时期流传下来的。

但是在阿育王及其后继者时期，还没有佛造像。当时佛教徒认为使用有限的形象是无法表现佛陀无边的主宰的，因此他们在建造佛教建筑时，一直使用跟佛教有关的事物诸如舍利塔、菩提、莲花等来象征佛陀。直到公元1

世纪时，在古犍陀罗地区（主要是今天的巴基斯坦东北部、阿富汗东部），才出现了最初的佛造像，这种艺术被称为犍陀罗佛造像艺术。这是怎么回事呢？当时，这一带因其地处于印度与中亚、西亚交通的枢纽，又受亚历山大帝国、巴克特里亚等长期统治，因此受到古希腊文化影响较大。统治者古希腊人为了维护在那里的统治，缓和与当地人之间的矛盾，而开始信仰佛教，崇拜释迦牟尼，他们仿造古希腊神话中太阳神阿波罗的形象来塑造佛陀释迦牟尼，这样呢，才有了最初的佛造像（同时，佛教面临着生存与传播的压力，便吸收其他宗教的特点，开始塑造佛造像，该原因也加速了这一进程）。因为这种佛教艺术兼有印度的悲悯神圣和希腊的写实典雅风格，故又有“希腊式佛教艺术”之称。佛造像有了之后，后来为了方便商人、旅行者、信徒途中崇拜偶像，因此人们便依山凿窟，便产生了璀璨的石窟艺术，大佛雕刻也应运而生。

第四节　新疆石窟概况

佛教在传入新疆后，在新疆同样也形成了佛教石窟艺术。其中著名的有处于丝绸之路北道的古龟兹国石窟、古高昌国石窟以及古焉耆国石窟，另外在丝绸之路南道也零星地分散着一些石窟。根据1953年当时西北文化部组织的新疆文物调查组在新疆的调查显示，新疆从东到西分布着约十三处石窟群，分别属于古龟兹、古焉耆、古高昌三个古代佛教中心，其中著名的石窟有克孜尔千佛洞、库木吐拉千佛洞、克孜尔尕哈千佛洞、吐峪沟千佛洞、柏孜克里克千佛洞等。

新疆石窟艺术是中原石窟艺术的先驱，是我们中华民族珍贵的文化遗产。它是古代我国新疆地区的各族劳动人民在自身固有的民族文化传统上接受外来影响而创造出来的智慧结晶，也是汉唐时期中国与印度、波斯、希腊、罗马各国人民沿着“丝绸之路”在文化交流中产生的丰硕成果。

世界遗产丝绸之路“长安——天山廊道的路网”甘肃敦煌玉门关遗址

玉门关是汉代设置的长城关隘。故址在今天的甘肃敦煌西北小方盘城。以西域输入玉石取道于此得名，它和敦煌西南的阳关同为对西域交通的门户。

遗憾的是古代“丝绸之路”南北道上的石窟艺术遗迹和寺庙遗址在经历了千百年来的自然风沙的侵蚀和人为破坏，已经满目疮痍，面目全非了。

第五节　古高昌国石窟艺术

古高昌国境内现存雅尔金石窟、胜金口石窟、柏孜克里克石窟和吐峪沟石窟等四处石窟。

佛教何时传入高昌，已经无从考究了，但在东晋和南北朝时期，高昌的佛教信仰开始进一步兴盛，使高昌成了一个重要的佛教文化艺术中心。这个时期由于战乱，大量的汉人或者汉化的匈奴人迁入高昌，因此高昌佛教艺术受到了汉族宗教信仰的强烈影响。到了麴氏高昌时期，因为其通好西突厥，阻碍西域诸国入唐朝贡之道贞观十四年，被唐朝所灭，唐朝在高昌设立西州，置安西都护府，使之成为中西方文化交流的中心。从此高昌佛教艺术受到汉文化的影响更深了。

古高昌地区石窟无论就其建筑形式还是壁画艺术风格来看，都和古龟兹国石窟有明显的不同。

首先古龟兹国的石窟形制多为西域式石窟，即在一个长方形直洞的底端两面，开作甬道，以通后室，使中间部位成为一个中心塔柱的样子，或者形成一种屏风式的照壁式样。甬道左右开凿小龛或制作壁画，后室在光线最暗处布置涅槃图像。这使得人们在进入前室时，看到佛像及佛说法、佛本生故事，感觉到一种光明和希望，而通过狭窄的甬道进入后室则产生一种悲悯和伤感的情调。

而古高昌地区的石窟形制，多数仅是一个长方形或方形直洞，不分前后室，也没有甬道，构造比较简单，受中原艺术风格影响较大。古高昌国的壁画题材，大多是窟顶画千佛，左右两壁的中部画各种经变故事画，构图紧凑

吐峪沟麻扎村

位于今鄯善境内的吐峪沟，是世界多种著名宗教历史文化的交汇地。“中国历史文化名村”吐峪沟麻扎村，是新疆现存的最古老的维吾尔族村落之一，已有1700年的历史，至今还保存着维吾尔族最古老的民俗风情。

吐峪沟阿萨吾勒开裴麻扎是伊斯兰教的一处圣地，是当年来到新疆传教的伊斯兰教传教士的墓地。

而完整。不仅如此，高昌壁画还掺杂着众多道教、袄教、摩尼教的内容。

高昌国境内的吐峪沟石窟开凿于两晋十六国时代，是新疆著名的佛教石窟之一，据敦煌莫高窟出土的唐代文献《西州图经》记载，当年的吐峪沟乃“仙居之胜地”。

从各个石窟的壁画题材来看，千佛座下都是胡床，另外佛造像身披通肩式大衣，轮廓线条较粗，内部用大笔烘染，简单朴实，边饰为忍冬纹，这都说明吐峪沟石窟开凿于两晋十六国时代。

有的残存的石窟内的题词皆为汉文，没有见到突厥文或者回鹘文的题词，其壁画风格全是汉族风格。这说明吐峪沟石窟是新疆所有石窟中受汉文化影响最深的一座石窟。

可惜的是，经过千百年来大自然的风化侵蚀和人为破坏，绝大部分石窟已经不复存在了。

柏孜克里克千佛洞

另一处古高昌国境内石窟艺术的实例——柏孜克里克千佛洞，开凿于南北朝后期。洞内的壁画在经历了历史上的战争和近代帝国主义的掠夺后，基本上已经不存在了。

第六节　玄奘与高昌

这里给大家说一个大唐高僧唐玄奘在前往西天取经途经高昌国的故事。

西域三十六国之一的古尉头国旧地巴楚某景区内表演剧照

唐玄奘是我国著名的佛学家、旅行家、翻译家，为中外文化交流作出了杰出的贡献。

唐朝初年，大唐高僧玄奘历尽千辛万苦走出茫茫的大漠戈壁后，他来到了伊吾（今天的哈密地区）。而此时高昌国王麴文泰对玄奘西行求经的事情早有耳闻，因此笃信佛法的他一方面已经派使者在此等候，另一方面更选备上乘的马数十匹，派遣了重臣，一路上驱驼设站，准备迎接玄奘。本来在玄奘的行程计划里，是打算直接向西北前进，并没有经过高昌国的打算。但是现在高昌王这样诚恳邀请下，玄奘盛情难却之，只好改变行程。他们一行人浩浩荡荡地来到了高昌国。

高昌王麴文泰听到玄奘已经到了，便下令打开城门，迎接玄奘进城。

只见高昌王城里灯火辉煌，照耀得就像白天一样。侍从和宫女簇拥国王及王妃分成两列，前后捧着蜡烛迎接玄奘。高昌王恭敬地扶玄奘下马，坐上华贵精致的轿子，在美妙的音乐声中，来到皇宫后院的重阁，在宝帐中升座，接受高昌王及文武百官的顶礼。

高昌王对玄奘的恭敬接待，真是无微不至。玄奘在高昌一住就是十多

西域三十六国之一的古尉头国旧地巴楚某景区内表演剧照

世界遗产"丝绸之路：长安—天山廊道的路网"大慈恩寺里的大雁塔

唐贞观二十二年（公元648年），太子李治为追念其生母文德皇后，报答慈母恩德，奏请唐太宗敕建佛寺，赐名"慈恩寺"。寺建成后，迎请高僧玄奘担任上座法师。唐显庆元年（公元656年），唐高宗御书《大慈恩寺碑记》，从此寺名为"大慈恩寺"。永徽三年（公元652年），玄奘法师为供奉从天竺带回的佛像、舍利和梵文经典，在长安慈恩寺的西塔院建造了一座五层砖塔，取名雁塔。

据《大慈恩寺三藏法师传》载：相传很久以前，古印度摩揭陀国的一个寺院内的和尚信奉小乘佛教，可吃三净肉。一天，空中飞来一群雁。有位和尚见到群雁，信口说："今天大家都没有东西吃了，菩萨应该知道我们肚子饿呀！"话音未落，一只雁坠死在这位和尚面前，他惊喜交加，赶紧告诉寺内众僧，大家都认为这是如来佛在教化他们。于是就在雁落之处，以隆重的仪式葬雁建塔，取名雁塔。玄奘在印度求法时听到过这个故事，大慈恩寺中的"雁塔"的命名很大可能与此有关，由于后来在长安荐福寺内修建了一座较小的雁塔，因此慈恩寺塔又被称为大雁塔，荐福寺塔称为小雁塔，名称一直流传于今。历史上大雁塔经历了5次改建，最后一次改建是在明朝万历年间，在维持了唐代塔体基本造型的基础上，外表完整地砌上了60厘米厚的包层。今塔高64.5米，塔身7层，是我国现存最早、规模最大的唐代四方楼阁式砖塔，随着佛教在唐代的广泛传播，其是中印两国建筑形式逐渐融合的典型例证。

天，可是高昌王对他的去留，却只字不提。玄奘很想继续西进，就主动向他辞行，但没想到高昌王却想让他留下来在高昌国弘扬佛法，然而唐玄奘西行的决心十分坚定，婉拒了高昌王。可是高昌王仍不死心，一次次地劝说玄奘希望他能留下来，可玄奘去意已决。最后高昌王无计可施，竟表现出不高兴的样子，坚持强留，甚至以将他遣送回国作为要挟，可是玄奘意志非常坚定地表示："玄奘西来，只为求法；如果在贵国受到阻碍，也只能留下我的尸骨，我的心识仍是留不住的。"

高昌王看硬来不行，态度变缓和了起来。他对玄奘更加殷勤了，每天进食，都亲自恭恭敬敬地捧盘呈送，恭敬如前。

玄奘因被阻留在这里，不得前行，故决定以绝食来对抗，每天都端坐着，连水也不喝一口。直至第四天，高昌王觉得玄奘气息微弱，既担心又愧疚，只好服软，向玄奘礼拜谢罪，便答应玄奘西行，并请其早点进食。但玄奘担心高昌王有诈，便让他对天发誓，他才愿意进食。

高昌王说，既然要发誓，那么就请法师和弟子一起在佛前共结殊胜因缘吧？"玄奘同意了。高昌王便将母后一并请来作见证，与玄奘一起上殿礼佛。在佛前，高昌王满心欢喜的立下誓言：一是愿与玄奘法师结为兄弟。二是将来玄奘法师取经回国的时候，必须留在高昌三年，接受供养。如果将来成佛，自己愿做他的护法。三是请玄奘法师继续留在高昌国一个月弘扬佛法，同时也让他有时间为玄奘法师准备路上用的行装。

就这样，一个原本僵持不下的僵局，在玄奘的坚定意志下，圆满收场了。

高昌王为了听玄奘讲法，还特别搭建了一座可容纳三百多个座位的大帐篷，自太后以下，国王及妃子、文武百官等，都入座恭听。

在玄奘讲经期间，高昌王为玄奘准备了大量的物资，包括玄奘往返二十年所需的资财，大量的锦罗绸缎、马匹、人力随从、食物，还写了二十四封书信分送给屈支等二十四个国家，在信中拜托沿途各国，接待保护玄奘，要像接待自己一样。

玄奘像与世界遗产“丝绸之路：长安—天山廊道的路网”大慈恩寺里的大雁塔

世界遗产“丝绸之路：长安—天山廊道的路网”护国兴教寺内的玄奘舍利塔

玄奘舍利塔为楼阁式砖塔，平面方形，五层，高21米。第一层塔身南面有砖砌拱门，内有方室，供奉着玄奘坐像。

麟德元年（公元664年），玄奘圆寂于长安玉华宫，世寿六十三。唐高宗听到玄奘离世的消息后非常悲恸，罢朝数日，哀叹道：“朕失国宝矣！”玄奘先葬于浐东白鹿原，总章二年(公元669年)四月迁葬该处。中宗李显即位后，追谥“大遍觉”。唐文宗开成二年(公元837)，刘轲撰写《大唐三藏大遍觉法师塔铭并序》，铭文详细记述了玄奘的生平事迹。唐末，墓地毁于战火，唐玄奘顶骨迁至终南山紫阁寺。北宋端拱元年(公元988)，长干寺(后改名为“天禧寺”“大报恩寺”)主持可政朝礼长安终南山时，在紫阁寺内发现玄奘大师顶骨，于是亲自背负至金陵，在长干寺东侧建塔安奉。1942年，侵华日军在南京大报恩寺三藏塔遗址处挖掘出玄奘顶骨石函，后被分成三份，两份安奉于南京、北京，其中一份带到了日本。由于玄奘的巨大声望，各地都想迎请供奉其顶骨，致使其顶骨一分再分。目前，玄奘顶骨舍利分别安奉于中国、日本、印度三国的九个地方(八所寺院和一所大学)，供世人瞻仰供奉。

玄奘非常感动高昌王为他准备得这么充分，连夜写信，表达他的感谢之情。高昌王含泪读完书信，一想到玄奘天明就要离开，竟难过得睡不着，一夜坐到天亮未曾合眼。第二天国王见到玄奘，只说两人既然已结为兄弟，国家的资财，便为共有，又何必道谢呢？

玄奘临行的那天，高昌王和僧人、大臣、百姓们，几乎全都出城送行，国王不禁恸哭，僧俗臣民都被感动得哭起来，悲伤的离别之声振动了城外山谷。国王命令妃子和百姓们先行返回城内，自己则与大臣们等又乘马送行了数十里，才依依不舍地分手返回城中。

后来，玄奘西行归国时，在途中听说因为高昌国勾结西突厥，阻碍了西域各国与唐朝的联系，丝绸之路也受到了影响，在公元640年，已经被唐朝灭国了，当时的高昌国已经成为唐朝的西州，高昌王麴文泰也已经离世了。鉴于这种情况，他觉得没有必要再走高昌，便从丝绸之路南道东行回国了。他和麴文泰的再会之约终究没有实现。

西域三十六国之一的古尉头国旧地巴楚叶尔羌河的夕阳

第七节　阿斯塔那古墓

在吐鲁番有一座研究吐鲁番地区历史文化的“地下博物馆”，它就是著名的阿斯塔那古墓群。

这座古墓群位于吐鲁番市区东南方向约40公里处的一处方圆10多公里的戈壁沙丘之中，在这里密密麻麻地分布着约400多座墓葬，墓葬形成的历史年代大概从公元3世纪末至公元8世纪，也就是西晋中叶至唐代时期。在之前其他的章节中给大家介绍过，古高昌地区的文化受到汉文化的影响很大，这一点在阿斯塔那古墓群也有体现。

第一，墓主人大多都是汉人，同时也有车师、突厥、匈奴、高车以及昭武九姓等古代少数民族居民。

阿斯塔那古墓群出土壁画

第二，阿斯塔那古墓群的墓葬形制是以一个家族的习俗来营造自己的墓地。一座座坟墓之间井然有序、界限分明。一个父系大家族的坟墓形成墓园，按照祖、父、子、孙辈分大小，依次进行排列，非常正规。这和河西走廊以至中原墓葬有很多相似之处。

第三，墓室里出土的大量文书、墓志、绘画、泥俑等文物或内容与汉族文化有关，或艺术表现形式大多与汉族文化有关（如伏羲女娲图、唐代陶俑等）。

阿斯塔那墓葬形制为斜坡墓道洞室墓。一条墓道倾斜而下，长约10米，尽头连着墓室。从空中向下看，古墓平面形状如“甲”字状。墓室一般高2米以上，面积约10平方米，顶部

阿斯塔那古墓群出土镇墓兽

阿斯塔那古墓群出土文物，高昌国名将张雄的干尸

阿斯塔那古墓群出土壁画

为平顶或穹窿形顶。墓主人多躺在洞室一侧的土炕或简易木床上。

虽然这些墓主人的尸体已经被埋葬了上千年之久，但吐鲁番这一代地区干旱缺雨的独特环境却使得这些尸体成了干尸，因此墓主人的尸体和下葬时身上穿的衣物大多都完好地保存了下来，且面容依然清晰可辨。

墓主人的四周往往陈放着大量模拟的缩小版的亭台楼阁、车马仪仗、琴棋笔墨等物品，以及葡萄、瓜果、饺子、面饼等食品，用来供墓主人在阴间驱使或享用。这些物件有的是真实的，有的则是陶制的或其他制品，数量往往随着不同的墓葬规模大小、墓主人的身份高低而呈现出不同。有的墓室后壁还绘有人物、鸟禽、花卉等壁画，这些壁画今天依然色彩鲜明，有的形象逼真，有的则古拙可爱。

在阿斯塔那古墓群出土了大量的文书、墓志、绘画、泥塑木雕、彩陶制品、木制品、金制品、古代钱币、丝织物、织物棉、毛织物等珍贵文物。这些文物对研究高昌地区的历史、经济、艺术、民俗等的发展、演变有着至关重要的作用。

第八节　额敏塔

吐鲁番的额敏塔，建成于公元1778年，是我国唯一一座具有伊斯兰风格的古塔。

额敏塔的建造者额敏和卓是吐鲁番的统治者和宗教领袖，其在平定准噶尔叛乱和大小和卓叛乱中，屡建功勋，维护了祖国统一，受到大清政府嘉奖。额敏和卓为了报答清政府对额敏和卓一家的知遇之恩，并使额敏和卓一生的业绩能被记录下来且流芳百世，于是便建造了额敏塔。

额敏塔

额敏塔

额敏塔高37米，全部以土黄色的砖块砌筑而成，塔身外面雕刻着各种各样的花纹，有菱形格纹、山纹、水波纹、变体四瓣花纹等十几种图案，这些都是维吾尔族建筑中经常采用的艺术纹样，非常简单、大方。

塔门入口处的两块石碑，一为汉文，一为维吾尔文，记录着额敏和卓建塔的缘由。沿着塔体内部的螺旋形的台阶，可以抵达塔顶。

倚着额敏塔而建的清真寺，叫额敏塔清真寺，它是吐鲁番地区最大的清真寺，庄严肃穆，在盛大的穆斯林的节日，有很多穆斯林们便来到这里庆祝节日。

第四章 吐鲁番的葡萄

葡萄沟里的葡萄

第一节　火州里的绿色丝带

吐鲁番的葡萄颇负盛名，新疆民谣说："吐鲁番的葡萄哈密的瓜，库尔勒的香梨人人夸，叶城的石榴顶呱呱。"从这则民谣里就可见一斑。

吐鲁番有一处葡萄沟，在火焰山西侧的一处峡谷里，南北长约8公里，东西宽约0.6～2公里。每当夏季来临，它宛如一条绿色的丝带，飘逸在盆地中央。

葡萄沟里的绿意盎然的葡萄藤

吐鲁番古时候被称为火州，夏天非常的热，8月份的时候，每天的温度基本上都在42摄氏度以上，地面温度更高，有时甚至可以达到80多摄氏度，烤鸡蛋都没有问题。

火焰山

我想大家都会对《西游记》里的火焰山都记忆犹新吧，唐僧师徒四人西天取经，在经过火焰山时，火焰山上烧着大火，挡住了他们的去路。大火还不是一般的大火，唯有铁扇公主的芭蕉扇才能扇灭，从而演绎出孙悟空三借芭蕉扇的故事，小说《西游记》里火焰山的原型正在此地。山上虽然没有真的着火，但超高的温度也似着火一般，把鸡蛋埋在山上的沙堆里，很快就烤熟了。

但此时，葡萄沟里却生机盎然。葡萄沟潺潺的溪流两侧，遍布着很多的葡萄架，葡萄藤蔓层层叠叠，绿意葱葱，在炎热的夏季里，这里宛如一处人人向往的世外桃源。吐鲁番的居民和外地的游客们来到葡萄沟，在这处幽静的清凉之地，一边品尝着美味的葡萄，一边欣赏具有维吾尔族风情的各类表演，可谓人生中最大的享受了。

早在2000多年前，张骞出使西域的时候，就发现这里种植着葡萄，并将其引入内地，如今这里的葡萄品种有10多种，形状不一，颜色也不同，有的葡萄晶莹如珍珠，有的鲜艳似玛瑙，有的则绿若翡翠。这里的葡萄都特别的甜，糖分含量很高。

葡萄沟的葡萄

新疆吐鲁番的葡萄为什么这么甜呢？这是因为吐鲁番的气候非常独特。这里非常干旱，白天日照强，温度高，可以加强葡萄的光合作用，有利于养分积累，晚上温度低，则可以抑制呼吸作用，减少养分损失，同时由于冰川融化水的补给，提供了生命所需要的水，使得这里干旱但不缺水，因此这里的葡萄才甜嫩多汁。

吐鲁番的葡萄

第二节　阿凡提

在葡萄沟，我还意外地看到几处人文景点，如西北歌王王洛宾的音乐艺术馆和智慧欢乐的化身阿凡提的故居。

王洛宾的《在那遥远的地方》《达坂城的姑娘》等民歌可谓是脍炙人口，流传甚广。而提起阿凡提，对于我们出生在80年代的人来说，都非常的熟悉，小时候，我们是看着关于阿凡提的动画片长大的。他头戴着一顶民族毡帽，背朝前脸朝后地倒骑着一头小毛驴的形象，早已经深深地刻画在我们的脑海中。

阿凡提的形象

一提到阿凡提的名字，愁眉苦脸的人就会展开笑颜。他嘲笑愚蠢的地主、嘲笑投机的商人、嘲笑受贿的法官、嘲笑伪善的毛拉们逞威作福的万恶的旧社会，他关怀穷苦人民，阻止权贵剥削穷苦人们。关于他的很多故事，大家都耳熟能详，但关于“阿凡提”本身的知识，我们可能不太了解。

“阿凡提”的意思是老师、有知识的人，是尊称，但不是他的名字。在我国，阿凡提是维吾尔族传说中的一个人物，但实际上，“阿凡提”的存在并不局限于我国，几乎在每一个伊斯兰国家或者受穆斯林文化影响的地区，都有这么一位“阿凡提”，他们是智慧与欢乐的化身。

在历史的长河中，各国人民，尤其是受穆斯林文化影响的国家和地区的人民把许多有趣的口头故事和有教育意义的哲理寓言，都记录在他的名下，使其广为流传，家喻户晓。他们集整个伊斯兰教人民的智慧创作，共同塑造着“阿凡提”的形象。

吐鲁番葡萄沟里的阿凡提故居

同时这些国家和地区又根据自己民族的风俗和习惯，对“阿凡提”进行不同的塑造，比如对“阿凡提”的称呼，有的地方称之为“纳斯鲁丁”，有的地方称之为“霍加”，有的地方称之为“阿凡提”，等等。

但是在穆斯林世界文化交流中，各国故事都穿越国界，被其他民族所吸收，不论是“阿凡提”还是其他名称，这个形象已经成为伊斯兰的共同名人形象。

而在生活中，我们把一些乐观、幽默、机智的人也称为“阿凡提”，在葡萄沟南部一个叫达甫散盖村的古老村落里，以前就有一位这样的“阿凡提”，从阿凡提故居石碑上的介绍可知，他生于公元1777年6月5日，卒于1876年6月5日，享年近100周岁。

第三节　吐鲁番的青年旅社

以前我从来不住青年旅社，是因为我对青年旅社有着一些偏见和其他原因，我总觉得在青年旅社里来自全世界相互不熟悉的陌生人睡在一个屋里不安全，也可能不卫生。住进来之前，我就是这么想的，因此我先是选择住进了一家酒店。

然而当我来到这家青年旅社找我在旅途中认识的一位同伴的时候，我才发现这家青年旅社是那么的好：

一是，这家青年旅社带着温馨的小院儿，院子里葡萄藤在架子上蔓延开来，挡住了烈日，给客人们带来些许凉荫；

二是，有公共洗衣机，洗衣服很方便，而且院子里还可以晾晒衣服和鞋子，这甚至是绝大多数五星级酒店都没有的便利。

三是，傍晚的时候，来自全世界的旅行者们可以坐在院子里，一边吃着香甜可口的瓜果，一边分享着个人的故事、旅途中的趣闻、旅游信息资

吐鲁番一家种植着葡萄藤小院的青年旅社

源等等，在享受惬意的环境时还可以结交朋友，增长见识。

四是，这家青年旅社还有标准间，这样的话，我就可以一个人住标准间，既可以享受青年旅社里的环境氛围，又不需要和陌生人挤在一间房里睡床铺了。

因此我在酒店住了一晚后，就果断地搬过来住进了这家青年旅社。

在吐鲁番的青年旅社里，我这身打扮俨然一副“埃及法老”的模样

我住进去后，感触颇深，青年旅社简直就是一个微型的世界啊，在这里会见到形形色色的人，但是似乎每个人都很健谈、乐观，并不会像我之前想象的那样和陌生的人睡在一起会很危险。现在回顾来看，实际上从第一次住进青年旅社开始，这么多年，我在全世界旅行时，经常住青年旅社。有时候在国外，甚至20多个人挤在一大间房子里，从来没有遇到过危险的事情，也没有听说过谁在青年旅社里出过事的情况。

白天我和青年旅社的小伙伴们一起拼车去景点、拼车吃饭，非常便宜、方便，实际上，这样还节省了很多钱。在我国的大西北，有些景点非常远，公共交通不便利，因此只能包车前往，这时如果几个人拼车的话，价格显然会比一个人包车便宜很多。另外相对一个人来说，一群人边玩边聊天，快乐程度也提高了很多（尽管很多时候，我喜欢一个人独处）。

傍晚的时候，大家从外面买回哈密瓜、葡萄、西瓜等水果，坐在院子里吃，边吃边聊，直至深夜，真是非常惬意啊！

第五章 龟兹佛韵

克孜尔石窟前的鸠摩罗什像

第一节　克孜尔石窟

来到新疆前，我一直以为历史上新疆和佛教没有什么关系，到了新疆之后，我才知道原来佛教是从印度先传入新疆，形成“西域佛教”后，再传入中原的，直到13世纪末以前，新疆很多民族还是信奉佛教的。

龟兹古国地处古丝绸之路上天山南道的中枢位置，是西域佛教艺术，特别是佛教石窟艺术生长、发展、形成的中心。历史上龟兹国素有西域佛国之称。《晋书·西域传》记载道：“龟兹国有城郭，其城三重，中有佛塔庙千所。”可见当时龟兹佛教文化的盛行。今天，虽然古龟兹国早已不复存在，但那些遗留下来的宝贵的石窟仍能让人们强烈地感受到古龟兹的悠悠佛韵。

而让我了解这一切的是地处今天阿克苏的古龟兹的一处古代文物遗迹——克孜尔石窟。古龟兹境内共有8处石窟，其中最重要的当属克孜尔石窟。

克孜尔石窟，是世界遗产“丝绸之路：长安—天山廊道的路网”中的一处遗产点。其位于阿克苏市拜城县克孜尔镇，修建在克孜尔山的岩壁上，共有石窟约240个，其中还保存着壁画的洞窟有80多个。岩壁为沙积的水积层，牢固度很强，但千百年来的风雨侵蚀，使得岩壁蜿蜒曲折，上下高低极不一致。

它是我国开凿最早的大型石窟群，大约开凿于公元3世纪至13世纪，持续了约10个世纪，开凿持续时间之长，举世罕见。它同时也是古龟兹国最大的一个石窟，也是新疆至今保存最多最完好的一座石窟。

从克孜尔石窟群的建筑形式和内容性质来看，分为窟寺、精舍和寮房仓库三大类。“窟寺”，是给僧尼和善男信女们参拜用的，约占石窟群总数的三分之一，绝大部分壁画都在“窟寺”里；“精舍”，是专供僧尼精修和讲学用的，为数较少；“寮房”是为一般僧尼起居用的，约占石窟群总数的三分之一。精舍和寮房大多建在较高的后山，多为居室加通道结构，室内有炉子、炕等简单的生活设施。

在不同时期，“窟寺”又分为窟室高大、窟门洞开、正壁塑立佛的大佛窟（犍陀罗式石窟）和主室作长方形、内设塔柱的中心柱窟（西域式石窟），还有部分是窟室较为规则的方形窟等。不同形制的洞窟用途不同。

龟兹佛教壁画（一）

约公元3世纪至4世纪初，这段时间是克孜尔石窟的首创时期。这个时期的特点是窟门敞开，据崖雕凿，在不深的殿堂中央，雕凿一个大立佛。窟顶凿为象征着天体的穹形。这样高敞的大石窟很适宜佛教传入时宣传的需要，给予过路的善男信女、旅客、商队们极其震撼的宗教上的难忘形象（如今阿富汗的巴米扬大佛）。然而，由于天山南麓一带脆弱的地质结构，并不适宜雕凿大佛，因此，大立佛的石窟在新疆并没有得到很大的发展。这个时期的代表窟第17窟和第47窟，窟中的大立佛已经不复存在（而且基于同样的地质原因，据猜测早期的大立佛很可能是用泥土塑造以代替雕刻的）。

约公元5世纪中叶至8世纪，这段时间是克孜尔石窟的发展演变时期。这个时期的石窟主要分为前室和后室。前室正面有一个龛壁，龛壁内代替早期大立佛的是一尊释迦造像，龛周围画着富有西域民族特色的供养天人、乐伎以及左右两壁的说法图等。这种石窟在建筑设计和壁画的配合上十分巧妙，前室的布置是以佛陀说法为主，配以佛本生故事与供养人等，在比较明亮的光线下给人以希望和光明的感觉，而后室以涅槃为主，在阴暗的、狭小的甬道中则给人以悲伤哀悼的感觉。这种石窟与敦煌、麦积山、云冈、龙门等处石窟的形制不同，有着西域民族自己的特色，因此被称为“西域式石窟”。第

龟兹佛教壁画（二）

43窟即是这种“西域式石窟”的代表。

克孜尔石窟里的壁画内容非常丰富，有大量表现佛教“本生故事”的壁画，本生故事是指佛陀前世修行时代几经生死从事一切难行苦行的故事，作者往往选取一些能够代表整个故事的主要场面，在有限的菱形叠鳞状的构图范围内，生动地刻画每一个故事的主体。除此之外，还有大量表现世俗生活情景的壁画，主要记录着大约从公元3世纪到公元13世纪新疆地区历史现实生活的图景，这些都为研究古代西域、中西方文化交流提供了珍贵的资料。

克孜尔石窟壁画无论从造型上还是用色上都达到了极高的艺术水平。早期壁画是由比较热烈的红、黑、绿、青色调构成的，人物的轮廓线用遒劲的笔触勾勒，强调肌肉隆起部分的烘染，显得非常古老。处于石窟发展时期的

龟兹佛教壁画（三）

壁画在笔触运用与色彩的烘染上，比早期绘画更为纯熟。这一阶段所用的颜色，较之前，增加了一种鲜明的朱红色，用于烘染和肉体曲线的勾勒。在成熟的技术下，人物的衣褶和人体轮廓更加生动有力，肉体的色彩非常鲜艳动人。到了石窟发展的后期，因受到唐代艺术的影响，壁画的风格具有明显的唐代风味，人物变得更加丰满圆实起来。而这其中，最让人叹为观止的是壁画中关于飞天的画法：借助一条飘逸的长带，表现出满壁凌空飞舞的意境，使得原本庄重严肃的宗教气氛，一下子变得生动活泼起来。

克孜尔石窟悠久的历史文化和厚重的艺术背景，令我久久地站在壁画之前，浮想联翩。我想正是由于东西方的多种文化艺术在龟兹地区的碰撞融合，才使得龟兹壁画的艺术水平达到如此灿烂的境界吧。

但是，正像新疆其他地区的文物古迹一样，克孜尔石窟在19世纪末20世纪初也遭到了西方殖民者们的疯狂盗取和破坏。绝大部分原本放置在佛龛里的释迦牟尼佛造像都被盗走了，很多壁画或被整个割走，或主要部分被割走，只在洞壁上留下斑斑斧凿的痕迹。在我参观这里的时候，看到眼前的这一切，我非常悲痛，仿佛内心在滴血。

在苦难的旧中国，这些堪称国宝的文物就这样一件件地被西方人盗走、破坏，它们远离国土，漂流异乡，这是我们中华民族的不幸。这时刻提醒着我们，作为中华儿女，我们都应该记住这些，勇往直前，为中华民族的伟大复兴而努力奋斗！

第二节　西域僧人鸠摩罗什

说到龟兹石窟，我们不得不说一位佛学大师鸠摩罗什，鸠摩罗什是我国中土大乘佛教的奠基人，是我国最早的佛学翻译家，他的精神和他翻译的作品影响了后来南北朝时期的佛学翻译家真谛和唐朝时期的佛学翻译家玄奘。

据考证，鸠摩罗什（东晋时期人）出生在古龟兹，他的母亲是龟兹王室，聪明贤惠，是一个虔诚的佛教徒，父亲是古印度天竺人，出身名门望族，也笃信佛教。鸠摩罗什就在这样的环境下出生、成长，从小就沐浴在佛教的思想中。

他7岁的时候，先在国内学习佛法，9岁那年又随着母亲出国游学，他们历尽艰辛抵达北印度，在那里向当地的佛学大师们学习小乘学派的经典。

12岁的时候，在返回龟兹的途中，鸠摩罗什遇到了一生中对他影响很大的一位佛学大师须利耶苏摩，而不同于之前他遇到的小乘学派的大师们，须利耶苏摩是一位大乘学派的高僧。鸠摩罗什在须利耶苏摩的指导下，学习研究大乘佛学的经典，很快确立了他大乘佛学的信仰。

回到龟兹后，他受到了国王的热烈欢迎，国王命人搬来专门为他打造的金碧辉煌的金狮子座椅，请他说法。

鸠摩罗什很快就名满西域了，他一边研习佛法，一边行走在西域各地说法。当他听说中原地区的佛学资料还很有限时，他又做了一个影响他一生的举动：前往中原弘扬佛法。

公元385年，鸠摩罗什先是来到了关内处于河西走廊的凉州（今天的甘肃武威），在那里边研习佛学，边学习汉语。通过日复一日的努力学习，他终于熟练掌握了汉语。

公元401年，鸠摩罗什到了长安，当时的后秦王姚兴按照国师的大礼招待了他，把他安排在长安城郊外的逍遥园里。鸠摩罗什到来后，很多人都去听他说法，跟着他学习佛法的弟子数以千计，逍遥园里的这处清净的佛寺很快就成了长安研究佛学的中心。

他开始组织弟子们翻译佛经，而此时，他已经年近古稀。经过他们不懈的努力，他和他的800名弟子共译出佛经47部，384卷。

鸠摩罗什治学严谨，在很多翻译的细节上他都要亲自过问，反复考量，多次校对，因此他们翻译的经书每一篇都通俗易懂，文笔流畅。他翻译出的

龟兹境内的一处佛教遗址——苏巴什佛教遗址，是世界遗产丝绸之路“长安——天山廊道的路网”中的一处遗产点

苏巴什佛教遗址

苏巴什佛教遗址，是新疆现存面积最大的佛教遗址，这一组建筑早在东汉即已存在，唐代时期最为繁荣，是龟兹王国内著名佛寺之一。龟兹高僧鸠摩罗什曾在此开坛讲经，据说这里就是《西游记》中女儿国的所在地。

鸠摩罗什说法、翻译佛经的地方——逍遥园里的草堂寺

《妙法莲华经》妙语纷呈，对我国佛教观音信仰的普及起到了巨大的推动作用。他翻译出的佛教经典《金刚经》版本是历史上所有译本中流传最广的、影响最深的，以至于人们把佛教的《金刚经》、儒家的《论语》、道教的《道德经》相提并论，看作是佛、儒、道三家的宗经宝典。

鸠摩罗什的一生不仅对佛教在我国的发展有着重大的影响，而且对我国文学和哲学的发展也有很大的影响。中国古代的文学、印刷、书法、绘画等都不

草堂寺里鸠摩罗什的舍利塔

鸠摩罗什说法、翻译佛经的地方——逍遥园里的草堂寺

同程度地受到了金刚经的影响。各种以《金刚经》为题材的文学作品大量涌现，世界上最早的木刻版画是《金刚经》里的佛教绘画内容，世界上现存最早的雕版印刷作品是唐代《金刚经》的木刻本，等等。

鸠摩罗什那种孜孜不倦，敢于追寻自己梦想，并为之努力奋斗的精神鼓舞着后人不断前行！

第三节　克孜尔尕哈烽燧与石窟

在库车县西北14公里却勒塔格山南麓盐水沟沟口的冲击台上，有一处高大的烽燧（烽火台）叫作“克孜尔尕哈烽燧”。烽燧建于汉朝汉武帝时期，沿用至魏晋时期，它东连轮台县拉依苏烽燧（古代西域都护府境内）、孔雀河烽燧群、楼兰烽燧、敦煌玉门关、阳关，最终通达长安城。

克孜尔尕哈烽燧属于夯土建筑（间杂着红柳、芦苇）。经过2000多年的风雕雨刻后，高约16米，东西底长6米，南北宽4.5米，烽燧台身由下向上逐渐收缩。它是古丝绸之路北道上建造时间最早，保存最完好的烽燧遗址。由于其悠久的历史文物价值，2014年成为了“丝绸之路：长安—天山廊道的路网”一处珍贵的世界遗产点。

这座烽火台是汉代军事通信设施之一，它曾经维护着西域的安全和丝绸之路的畅通，也是国家行使主权的象征。

烽燧是古代军情报警的一种措施，即敌人白天侵犯时就燃烟（烽），夜间来犯就点火（燧），以可见的烟气和光亮向各方与上级报警。烽燧使用的历史最早可以追溯至商代，一直沿用至清朝。

站在此烽火台，遥望公路对面不远处的山沟里，有无数洞窟，它们分布错落有致。这就是克孜尔尕哈石窟群。

石窟约始建于公元5世纪，开凿在一南北方向山沟的四面山谷中，大约

世界遗产“丝绸之路：
长安—天山廊道的路网”克孜尔尕哈烽燧

有54个石窟，其中编号的有46个。在这些石窟中，有近一半是为专供僧尼们进修和讲学用的，大量的石窟说明，曾经这里是古龟兹地区又一繁华的佛教中心。

石窟壁画均是典型的龟兹风格，有佛本生故事40余种，因缘故事20余种，还有佛传故事画等。其中以第30窟的八身飞天最为著名。八身飞天由三条边饰分开，有的手托果盘，有的怀抱曲颈琵琶，有的双手捧直角箜篌（读作kōng hóu，古代的一种乐器），有的吹排箫，正在做演奏动作，伎乐们袒露着右肩，着“曹衣出水”线纹，给人一种薄衣贴体的美感。整幅画面色彩鲜明，人物姿态自然大方，是石窟全盛时期的代表作。

克孜尔尕哈石窟周边地貌

第六章

库车王府

库车王府

第一节　库车王府历史概述

大家喜欢吃杏子吗？大家对杏子的传统认知是什么样的呢？小时候，在我老家安徽有很多杏树，我和小伙伴经常爬到杏树上去摘杏子吃。其实成熟的杏子并不太好吃，面面的感觉，缺少水分，也没有那么甜，这就是我对杏子的认知。直到我来到了新疆库车后，关于杏子的认知被完全颠覆了，库车的杏子特别的甜，水分还特别充足。

库车王府院内种植的杏树

我记得第一次吃库车的杏子是在库车的一处历史古迹，名为库车王府。

“库车王府”坐落在市城区，它是一处融合了我国中原地区和伊斯兰建筑风格的建筑，包括宫殿、库车王府凉亭、城楼等。院内栽满了各种植物，有杏树、桑葚树、无花果树等，绿树成荫，鸟语花香。

这里为什么会有这么一处建筑呢？

1759年清朝乾隆皇帝为了表彰当地维吾尔族首领米尔扎·鄂对协助平定准噶尔叛乱和大小和卓叛乱的功绩，便派遣内地工匠前往库车为他建造了最初的“库车王府”，作为米尔扎·鄂对工作和生活的地方。米尔扎·鄂对也成了“库车世袭回部”第一代亲王。

不幸的是，有着近200年历史的库车王府，1937年被国民党军阀盛世才毁坏，20世纪初，原来规模宏大的“库车王府”仅剩下部分房屋和城墙了。后来国家根据“末代亲王”达吾提·买合苏提的回忆，在原址上重建了“库车王府”，重建后的库车王府尽可能恢复了建筑最初的样貌。

第二节　历代库车王爷简介

欣赏完维吾尔姑娘们表演的龟兹歌舞之后，我一边品尝着香甜可口的杏子，一边听着景区解说员绘声绘色地讲述关于一代代库车王爷们的传奇人生。

从第一代亲王开始到1949年9月26日，新疆和平解放，世袭亲王共计十二代。这里我们来介绍下主要的几位亲王：

第一代亲王米尔扎·鄂对。

1757年，大小和卓叛乱，叛军攻入了库车城。面对叛军的威逼利诱，当时担任库车、阿克苏、拜城三城地方官的米尔扎·鄂对坚决反对分裂，维护祖国统一。叛军残忍地将他家人全部杀害。米尔扎·鄂对带领十余人，千里迢迢赶到北京，请求朝廷发兵平叛。等到大小和卓叛乱被平息以后，乾隆皇帝命人绘制了米尔扎·鄂对的画像，悬挂在北京故宫金光阁内。

第七代亲王米尔扎·艾合买提。

1864年，库车出现了“伊斯兰圣战者”叛乱组织。叛军威逼第七代亲王米尔扎·艾合买提担任他们的头领。他宁死不从，被叛军乱石打死。

第十一代亲王买合甫孜。

民国26年（1937年）第十一代亲王买合甫孜被盛世才逮捕，王府所有财产被查封。王府开始衰落，年复一年，淹没在历史的尘埃之中。

最后一位王爷达吾提·买合苏提。

达吾提·买合苏提是第十一代亲王买合甫孜的侄子，由于买合甫孜没有儿子，达吾提·买合苏提自幼就过继给伯父，成了合法的王位继承人。达吾提·买合苏提14岁时，新疆军阀盛世才为了巩固南疆的统治，批准他继承王位，成为第十二代库车王。新疆解放后，各地王位制度被废除，库车王也被废除，但库车王府保留了下来。接下来昔日的王爷被任命为当地的银行行长等职务。“末代亲王”买合甫孜于2014年去世，走完了他传奇的一生。

听完解说员对库车主要的几代亲王介绍后，我内心不禁发出由衷的敬佩，在近200年的历史长河中，库车十二代亲王中绝大多数甚至不惜牺牲自己与家人的生命，都为祖国统一、民族团结做出了卓越的贡献。

库车王府院内种植的白桑葚

第七章

『地下长城』坎儿井

坎儿井示意图

第一节　坎儿井简介

坎儿井号称“地下长城”，与万里长城、大运河齐名，是中国古代三大工程之一。然而很多人却不了解坎儿井。

在气候干旱的地区，如何解决好水利灌溉问题至关重要。

坎儿井是生活在干旱地区的劳动人民在漫长的历史发展中发明创造的一种地下水利工程。坎儿井的结构，大体上是由竖井、地下渠道、地面渠道和“涝坝”（小型蓄水池）四部分组成，人们通过利用山体的自然坡度开凿坎儿井，然后使用坎儿井将春夏季节渗入地下的雨水、冰川和积雪融水，引到地表进行灌溉，从而满足干旱地区的生产生活用水需求。

在我国新疆地区，分布着大量的坎儿井，所有坎儿井的总长度加起来远超万里长城的长度。有的坎儿井开凿年代非常古老，吐鲁番盆地喀喇和卓周围发现的被掩埋多年的10多条坎儿井，已经有2000多年的历史。

不过，坎儿井并不只是存在于我国新疆，还存在于世界上其他地方，尤其是在亚洲中西部国家和地区，如伊朗、巴基斯坦、阿富汗、沙特阿拉伯、哈萨克斯坦、乌兹别克斯坦、吉尔吉斯斯坦、印度西北部、土库曼斯坦、叙利亚、伊拉克等地。除此之外，非洲北部、欧洲和美洲也有少量的坎儿井。

第二节　坎儿井起源

那么坎儿井最早起源于哪里呢？

在我国新疆的托克逊县阔克嘉乡新发现的刻有明晰可见的坎儿井图案的岩石画，据测定大概已经有5000年的历史了。这可能是世界上发现的关于坎儿井最早的图案了。

伊朗亚兹德地区的坎儿井

虽然现在关于坎儿井的起源，我们还无法盖棺定论，但是最早把坎儿井文化传播推广到更大区域的可能是古代的波斯帝国。今天的伊朗是世界上坎儿井使用年代最长、数量最多、发展程度最高的地方，一般都认为它是世界坎儿井最早传播的中心。我在伊朗旅行时，参观过伊朗当地的多处坎儿井遗迹，伊朗的坎儿井及其文化已经被世界教科文组织列为珍贵的世界遗产。

第八章 攀登「冰川之父」

慕士塔格峰

第一节　慕士塔格峰简介

慕士塔格峰，有着“冰山之父”之称，位于新疆维吾尔自治区阿克陶县与塔什库尔干塔吉克自治县交界处，海拔7546米，属昆仑山脉山峰，是昆仑山第三高峰。地处塔里木盆地西部边缘，东帕米尔高原东南部，周边有公格尔峰，公格尔九别峰，三座高大巍峨的山峰耸入云霄，洁白的山体犹如巨大的水晶，屹立在美丽的帕米尔高原上，成为帕米尔高原的标志。

峰顶罩着一层闪亮的永不消融的白雪，犹如满头的白发，倾泻倒挂的冰川，犹如胸前飘动的银须，它像一位须眉斑白的老寿星一般，耸立在群山之中，故有“冰山之父”的美誉。

以前生活在慕士塔格峰脚下的各少数民族，都流传着关于它的很多神话故事。有的人说慕士塔格峰是个巨大的圣人的陵墓，里面安息的是摩西和阿里；还有人说山峰上有一座城市、一条河流和一片湖泊，那里的居民过着非常快乐的日子，不知寒冷，也不会老去；等等。因此每年都有不少人来到这里朝圣。

如今大多数去到喀什旅游的人，尽管不会相信这些传说，但依然会前往塔什库尔干塔吉克自治县一睹它壮美的身姿和如蓝宝石般晶莹剔透的古老冰川。

2015年我第一次去喀什的时候，曾和路上遇到的几个朋友一起前往慕士塔格峰上的冰川，但途中天空下起了大雪，路不好走，维吾尔族师傅不愿意再开车前往，只好作罢，原路返回。在去中国与巴基斯坦边境红其拉甫口岸时也下起了大雪，最终亦不能前行。我记得当时心情极其郁闷，生了小病。只想以后有机会再次前往，以满足自己的心愿。

没想到机会来得这么快，2017年我报名参加了慕士塔格峰的攀登活动，这次不仅仅是去看冰川，更是冲着登顶去的，想来，这就是我和慕士塔格峰（以下简称慕峰）的缘分吧！

第二节　漫游喀什

慕峰攀登第一天：队伍喀什集结

我们这支小队伍有4名成员，除我之外，还有来自辽宁的黄花鱼（队友名字为网名，以下同），在美国读大学的19岁小姑娘梦凡以及领队强子。我们相互介绍之后，便一起出去逛逛。

我们队伍的合影

背后为艾提尕尔清真寺。艾提尕尔清真寺，是新疆规模最大的清真寺。最初阿拉伯帝国倭马亚王朝时期，阿拉伯大将屈底波·伊本·穆斯利姆（670—715）征服中亚时，这里是伊斯兰教传教士的墓地。后经过喀喇汗国、浩罕汗国各历史阶段的发展扩建，最终形成了今天的规模。

喀什地处中亚，位于我国新疆南部，这里的异域风情吸引着大量的中外游客到这里游玩。喀什著名的景点有：喀什古城、高台民居、喀什大巴扎、香妃墓、艾提尕尔清真寺、维吾尔族夜市、牛羊大巴扎等。我非常珍惜攀登前的这几天，想吃什么就吃什么，尽量享受着每一个瞬间。因为我知道一旦攀登正式开始，就非常痛苦了。（我那个时期的确是这么认为的，因为攀登雪山经验还不丰富，身体还不能很好地适应攀登雪山这项运动，因此每次攀登对我来说，都是一场折磨。不过后来在攀登珠峰时，我已经很好地适应这项运动了。）

艾提尕尔清真寺已经成为全新疆穆斯林聚礼处，每天到这里礼拜的人数达到二三千人，星期五主麻日下午，来这里的礼拜人数达到六七千人。每逢伊斯兰节日时，很多人都会来到这里做礼拜，庆祝节日。

艾提尕尔大清真寺不仅是新疆地区宗教活动的重要场所，在古代还是传播伊斯兰文化和培养人才的重要学府，从这里走出了很多伊斯兰神职人员、文学家、诗人、学者等。

中华人民共和国成立后，寺内一些德高望重的宗教人士，他们爱国守法、著书立作，为维护祖国统一、研究新疆的历史与宗教贡献着他们的力量。

艾提尕尔广场

艾提尕尔广场上的“羊车”

喀什牛羊大巴扎热闹的景象（一）

喀什牛羊大巴扎热闹的景象（二）

喀什牛羊大巴扎热闹的景象（三）

喀什古城里美味可口的冰激凌

喀什古城里大叔正在售卖冰激凌

喀什古城里艺人正在制作工艺品

喀什古城里可爱的孩子们

我在喀什古城里和表演节目的孩子合影

喀什香妃墓

始建于1640年的香妃墓是一座精美的伊斯兰风格的宫殿式陵墓建筑，这里埋葬着阿帕霍加家族逝去的成员，香妃墓实际上是阿帕霍加家族陵墓的俗称。

陵园庭院内鸟语花香，清幽自然。

传说这里葬着乾隆皇帝非常喜爱的香妃（容妃），但据史籍记载，香妃死后，葬于河北清东陵裕妃园寝内。所以香妃墓内存放的只是香妃的遗物，是一处衣冠冢。另外这处墓地和香妃到底有没有关系，还有待考证。

喀什古城里微笑的大叔

高台民居位于喀什噶尔老城东北端，现为喀什维吾尔民族聚居区。该区建在高崖，共有近六百户人家。高崖两千年前就已存在，一千多年前有维吾尔先民在此建房安家。相传东汉名将班超、耿恭曾在此留下足迹。历史上，高崖的北坡与南坡连为一体，后来被洪水冲断，南北分隔。北崖即今老城喀喇汗王朝（公元840年—公元1212年，中国古代西北地区操突厥语族语言的民族回纥人和葛逻禄人等族群在今新疆、中亚建立的封建政权）王宫所在地，南崖就是现在的高台民居。

高台民居里腼腆可爱的孩子

高台民居里腼腆
可爱的孩子

喀什维吾尔族夜市上的石榴汁

我每次到新疆，都会品尝当地非常出名的石榴汁，10块钱一杯，很便宜，原汁原味，不添加其他东西。这里的果汁制作简单，把石榴放在榨机上一压，石榴汁从下方流到杯子里，整个过程非常简单，但有种机械制作的质感。

喀什维吾尔族夜市上的石榴汁

喀什维吾尔族夜市上的烤鱼

喀什维吾尔族夜市上的烤蛋（一）

这里有各种禽类的蛋，有鸽子蛋、鸡蛋、鸭蛋、鹅蛋、鸵鸟蛋等。

喀什维吾尔族夜市上的烤蛋（二）

喀什维吾尔族夜市上的米肠子

一种以羊的内脏作原料制作而成的维吾尔族美食，很多内地游客可能不习惯。

徒步途中的景色（一）

徒步途中的景色（二）

徒步途中（一）

我们走过一段平地，旁边的骆驼悠闲地静卧在那里，似乎对我们一行人丝毫不感兴趣。过了一会儿，天空开始阴暗起来，下起了中雨，原本由冰川融化形成的清澈的潺潺溪流瞬间变成了灰褐色的泥水，裹挟着石头怒吼地流着，发出震耳欲聋的冲击声。夏天的山区经常会有暴雨，可能会导致泛滥的洪水，在山谷间行进有一定的风险，因此我们都有些担心。幸运的是，雨很快就停了。

转眼间，太阳又露出了笑脸，它在大地与天际之间划出了一道美丽的彩虹，刚才还狂躁不安的毛驴顿时变得安静起来，眯着眼睛享受这雨后的时光。

我们又翻过了几处高坡，徒步4个多小时后，抵达了慕峰大本营。

今天我整体状态不错，为防发生高反，徒步的后半程，我走得很慢，不过为了提前适应后面攀登时的负重，我背负了约20千克重的东西。

在抵达营地时，我仍然产生了微微的高反，后脑勺处有点痛，这是正常

徒步途中（二）

遥望慕士塔格峰

的，不用担心。夏尔巴向导们把每个队员的行李搬到他们各自的帐篷里。我躺在帐篷里，睡垫非常舒服，伸个懒腰，接下来的15天，我就要在这里开始既紧张又兴奋的生活啦！

我把行李收拾了一下，该拿出来的东西要提前拿出来，比如说睡袋、水壶、尿壶、头灯等，如果等到晚上天黑了，再去拿的话就不方便了。然后，我走出帐篷和队友们打招呼、聊天，同时了解一下营地环境。我们全队有5支不同的队伍，大概有20多人。大家来自全国各地，以前我并不认识他们，通过这次机会结识了很多朋友，非常开心。

大本营所在的位置处于帕米尔高原，这里是高原气候，天气晴朗的时候，日照强烈，紫外线很强，这里经常下雪，雪水和高山上冰川融化的冰水一起滋润着这片土地，草地上开着各种颜色的小花，微风吹过，花香四溢，沁人心脾。可爱的土拨鼠在草地上嬉耍、觅食，跳来跳去。我们的到来，吸引着它们，它们一点点向我们靠近要食物吃。

这里要跟大强调一下，在野外不要向野生动物投食哦，因为它们一旦养成了向游客索取食物的习惯，自身适应野生环境的能力就下降了，最终会对它们的生命造成威胁。

傍晚的时候，天气变得阴沉起来，看样子待会儿可能要下雪了。领队强子过来给我拍摄视频，问了我一些问题，比如：此次攀登慕峰有没有信心？现在身体状况怎么样？之前是怎么训练的？做了哪些攀登前的准备？等等。

我一一地回答了他的问题。

我的帐篷

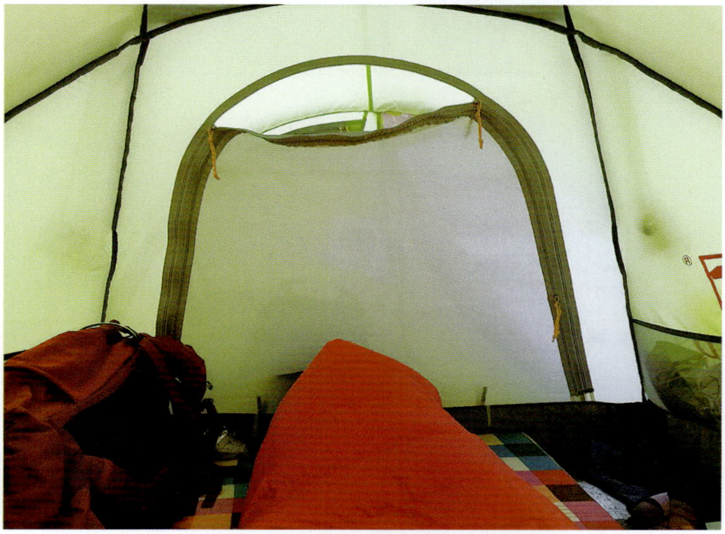

我的帐篷内部

营地里的土拨鼠

领队强子正在帮我录制视频

搭建的用餐室

大本营

大本营另一支队伍的营地

营地周边美丽的风景

大本营

慕峰大本营队友们在聊天

我随处逛逛，和旁边的德国队打打招呼。新疆是亚洲同时也是世界地理的中心，也是人类滑雪的发源地之一，每年吸引着很多来自世界各地的人们到这里登山、滑雪。

队友在休闲吧里表演攀登

我们的伙食非常丰富，米饭、面条、牛羊肉、蔬菜以及各类水果应有尽有。只可惜在这里因为高反，我胃口很不好，每次都不想吃饭。但是想攀登雪山，身体不摄取足够的能量和营养是不行的，因此，每次吃饭的时候，我都会逼迫着自己多吃些（后来慢慢地适应了攀登雪山这种运动后，在高海拔饮食已经不是问题了，2020 年我第二次攀登珠峰的时候，在海拔 8300 米的 3 号营地胃口非常好，甚至吃下了两碗方便面）。

我们队伍的伙食

午饭后，几位住在山脚下的柯尔克孜族人来到大本营，商讨和我们队伍合作的事情，主要是指后面攀登期间他们为我们背负物资到山上，按照约定我们相应地付给他们报酬的事情。

他们头戴下沿镶有一道黑布的帽子，上身穿着锈有白色花边的圆领衬衫，腰束绣花的布腰带，下身穿着一条宽腿长裤，看上去非常的特别。

这些传统的民族服装，把我带到了关于这个古老民族的遥远的过去。柯尔克孜族的历史最早可以追溯到两千年前。《史记·匈奴列传》最早出现了对柯尔克孜族的先民的记载。以前他们被称为“鬲昆（gé kūn）”，居住在匈奴以北，在今蒙古人民共和国北面的吉尔吉斯湖周围。经历了两千多年的历史变迁后，如今柯尔克孜人（在国外的同源民族被称为吉尔吉斯人）广泛分布在吉尔吉斯斯坦、中国和俄罗斯等地。

组织人员在讲解高山病预防知识

曾经古老的游牧民族柯尔克孜族现在基本上已经实现了定居，不像以前那样到处游牧了。他们大多冬季住在农村的庭院式建筑里，种植庄稼，初夏出来放牧，住在牧区毡房里，秋后回村收获、过冬。前几天我们从山脚下徒步至大本营的路旁，就有不少柯尔克孜族的牧区毡房。世世代代生活在这里的柯尔

营地生活

克孜族人一直在为保卫祖国边疆、维护祖国领土完整，贡献着自己的力量，谱写着自身本民族的伟大史诗《玛纳斯》!

下午的时候，探险公司的组织人员召集所有队员开会，主要给大家讲解了一些关于高山病的相关知识，比如病理成因、如何预防等相关的知识等。除此之外，还总结了攀登活动以来，大家遇到的一些问题和接下来需要注意的细节等。所有队员都听得非常认真，在这些有关自己生命安全的事上不敢马虎。

这些适时的问题总结和知识经验分享毫无疑问是非常有必要的，对接下来的攀登会有很大帮助。

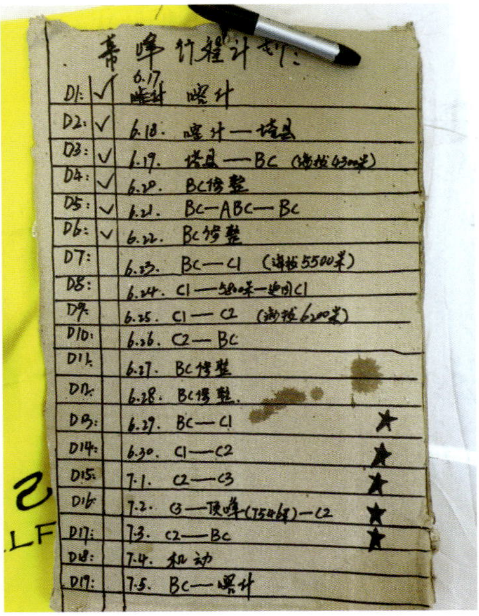

慕峰攀登活动的行程表

第八节　在海拔5500米露营

慕峰攀登第七天：拉练至C1营地

这几天能量消耗巨大，感觉身体被掏空了一般。大本营的休闲吧，我一直没有进去过，没力气，哪还有闲情雅致在里面喝饮料呢？（2017年我在攀登期间确实很弱！这和后来两次攀登珠峰期间的表现简直是天壤之别啊）。

夜里高反严重的时候，就会想放弃，可是早晨起来后，我又变得满血复活，放弃的念头便抛在脑后了。

今天很关键，按照计划，我们需要负重拉练到C1营地（海拔5500米），晚上睡在那里，以更好地适应高反。加油!

我们三个队员在大本营拍照留念

吃完早餐后，我们全队在大本营集合，开始朝着C1营地挺进。

今天天气非常好，深蓝色的天空里挂着一簇簇白云，慕士塔格峰清晰可见，它宛如擎天玉柱一般直入云霄。沿途的小溪流在阳光的照射下微光粼粼，轻快地流淌着。远处的一排排拔地而起的冰川泛着蓝光，展现出一种古老的壮美。

因为前天拉练至前进营地，身体已经有了很好的适应，今天从大本营到前进营地这一段路，走得不像上次那么痛苦了，轻松了很多，大家一路上有说有笑，只花了3个小时，我们便到了前进营地。

到了前进营地后，路上的雪开始变得很厚了，而且松软，因此我们脱掉徒步鞋，换上更加适宜雪地行走的踏雪板，继续朝着C1营地前进。这后半程路走得非常艰难，身体非常累，又坚持行走了5个多小时后，我们终于抵达了C1营地。

慕士塔格峰克麻土勒冰川

攀登途中

向导正在帮着队员穿鞋

攀登队伍

C1营地（一）
（海拔5500米）

C1营地（二）

抵达C1营地后，我已经非常累了，一直待在帐篷里，没有出去看外面的风景。我知道这样不好，登山中重要的一点就是欣赏攀登途中的风景，但是这时，我疲惫的身体已经不允许自己走出帐篷了。我只想好好休息，保存体力，以免影响到接下来的攀登（我那时身体适应高原的能力还不是很好，但是在后来的登山活动中，比如两次珠峰攀登，随着我高原适应能力的增强，在攀登途中便可以自如地欣赏风景、拍摄了）。

第九节　星　空

慕峰攀登第八天：从C1拉练至海拔5800米

从C1开始，路面上的积雪开始变得硬起来，因此以上的攀登都需要使用冰抓了。这是我第一次使用冰抓，还不是很熟，穿冰抓只能找向导帮忙。

因为今天攀登途中有很多巨大的冰裂缝和隐藏着的暗裂缝，队伍需要结组前行。简单地说结组是指几个人把系在身上的安全扣扣在一起保持一定间距前行，一旦其中有队员出现掉进冰裂缝的情况，因为大家的安全扣是扣在一起的，其他队员可以通过连接安全扣的绳子把掉进冰裂缝的队员给拖上来。有的人问会不会出现这种情况：因为绳子是连在一起的，一个人掉下去，其他人瞬间都会被拖下去？

当某个队员掉进冰裂缝的时候，连接在一起的绳子会瞬间紧绷，这种张力会平均分配到其他每位队员的身上，这样的话，一个坠落队员的重量和坠落产生的拉力远小于其他几位队员的总重量，另外，当绳子紧绷时，其他队员会瞬间下意识地反方向后仰，大力拉着绳子营救坠落队员。因此，整个结组队员被下坠队员拖进冰裂缝的情况是很少发生的。

但是路面坡度相对比较平缓的时候，才会使用结组这种方式，路面陡峭的时候是绝对不能结组前行的，否则，其中一人下坠会导致整个队伍都被拖

攀登途中休整（一）

攀登途中休整（二）

返回C1途中

C1营地

C1营地拍摄的晚霞

傍晚时分，天空由深蓝变成浅蓝，前方的山脉在夕阳的照映下显得十分壮观，峰峦被染上了一层橘红色，光彩照人。营地的雪地上，也呈现出一片耀眼的金色。不一会儿，夕阳渐渐落在山脉的后方，用它慢慢消退的最后一缕余晖把一簇簇的云团染成了火红色，这是最美的场景了。

夜晚，起来上厕所的时候，发现自己身处壮美的景色之中。空中升起一轮明月，清凉的月光缓缓泻下，照亮了整个山峰。抬头望去，慕士塔格峰的峰顶被厚重的积雪覆盖着，静穆地矗立在天际之间，远处的白云在山腰间缓缓移动，头顶银河璀璨，星星不断地闪烁着眼睛，它们离我那么的近，仿佛伸手就可以触摸得到。此时，我仿佛置身于那个传说中的昆仑仙山一般，美妙至极。

第十节　冰裂缝

慕峰攀登第九天：从C1营地拉练至C2营地

在C1营地休息了一晚后，我们全队今天需要拉练至C2营地（海拔6200米）。吃完早饭，全队9点钟就开始出发了。

很多条冰裂缝出现在我们行走路面的两旁，有时候，还会有冰裂缝挡住了我们前进的路，怎么才能通过呢？在一条冰裂缝宽度比较窄的位置，往往有一层厚厚的冰雪层覆盖在上面，几乎填满了这一段冰裂缝，我们把这叫作“暗冰裂缝”，我们就从这里通过，走在上面，要格外小心，因为覆盖在上面的冰雪层随时会有被踩塌的危险。

C1至C2途中的冰裂缝

攀登途中（一）

我远远地望去，走在前面的队友们整齐地向上攀登着，他们在高高的冰壁之下显得那么渺小。沟壑纵横的苍茫雪山犹如一片白茫茫的沙漠神秘莫测、不容亵渎。

我的队友梦凡时常间歇性地出现眼睛发黑啥也看不到的情况，我想应该是受血压影响的。她看不到的时候，我们就站在原地休息一会，待她好转后，我们再继续前行。我走得也很慢，这里氧气含量实在是太低了。想想我这么一个大个子，实际上是不适合登雪山的，总体来说，小个子比较适合登雪山，相对于大个子来说，他们消耗氧气少、消耗能量少，同样量的氧气、能量在体内传播的距离短、时间短。

我们相互鼓励着，大口大口地喘着气，艰难前行。后小半段路的时候，

攀登途中（二）

因为路面上几乎没有冰裂缝了，我们就不用再结组了，于是便各走各的。结组可以很大程度上保证安全，但是也比较浪费时间，走得快的会被走得慢的拖累，影响攀登节奏。

下午4点的时候，我们抵达C2营地。营地建在一片冰壁的下面，我感觉这很不安全，如果冰壁坍塌，我们全队都有危险，一个也跑不掉。

当时累得不行，也容不得多想了，我钻进帐篷之后，就不愿意再出去了。傍晚的时候，有些人走出帐篷去看日落，我听到他们在帐篷外说晚霞很美，我听了后非常心动，想走出去看一看，但体力已经不允许了，就老老实实地待在帐篷里躺着了。

我们晚上睡在这里，是为了适应高度，为接下来攀登更高的海拔做准

攀登途中（三）

C2营地

备。今天虽然很累，但我已经超过了之前到过的最高海拔5895米（非洲最高峰乞力马扎罗山），因此心里没有了任何压力。即使不能登顶，我也可以接受，但我不会轻易放弃。加油！

晚上睡觉的时候，我的队友黄花鱼高反严重，开始服药缓解。我白天依然没有任何高反，夜里睡觉的时候，前半夜高反没有在C1休息的时候严重，后半夜没有高反，这说明我的身体对海拔上升适应得比较好。

第十一节　塔县的火锅

慕峰攀登第十天：从C2营地下撤到大本营，返回塔县休整

今天要下撤到大本营，大家心里都很轻松愉快。我们早早地从帐篷里起来，8点钟开始下撤，到了大本营已经中午12点了。我们简单地吃了些午饭

返回大本营途中

张骞像

世界遗产“丝绸之路：长安—天山廊道的路网”张骞墓

张骞，是我国杰出的外交家与探险家，举世闻名的“丝绸之路”的开拓者。张骞曾奉汉武帝之命，先后两次出使西域，第一次打通了中国与中亚、西亚、南亚以至通往欧洲的陆路交通，从此中国人通过这条通道向西域和中亚等国出售丝绸、茶叶、漆器和其他产品，同时从欧洲、西亚和中亚引进宝石、玻璃器等产品。其被誉为“第一个睁开眼睛看世界的中国人”。

塔县整齐的街道

世代聚居在高原上的塔吉克族人民有着保卫祖国的光荣传统。19世纪在抵御浩罕与沙俄殖民者入侵时，他们浴血奋战，与殖民者进行了殊死搏斗。为保卫祖国的领土完整，塔吉克族民族英雄阿奇木伯克库尔察克被浩罕入侵者杀害。至今，塔吉克人民每年的祭祖节时，都会到他的墓地祷告，根据他的爱国事迹编成的民歌《大洪》，一直在塔吉克族人中传唱着。如今塔吉克雄鹰们还世代驻守在祖国的边疆，垦牧戍边，担任着边防重任。

下午的时候，我和几位队友走出酒店，到外面散步。这座边境县城很小，但建筑布局比较整齐，柏油马路两旁种植着一排排的白杨树。近年来旅游的人越来越多，小城里新建了很多旅馆、饭馆、咖啡馆等场所。路过一家水果店的时候，我买了个西瓜，带回酒店吃。

第十三节　要命的食物

慕峰攀登第十二天：从塔县返回大本营

早上领队从大本营给我们打电话说，队里杀了只羊，等着我们下撤到塔县的队员们返回去（有的队员们没有返回塔县，待在大本营休息），大家一起包羊肉馅饺子吃，因此今天午饭前需要返回大本营。

今天还听到消息说昨天一名队友登顶至海拔7300米，离顶峰还差200多米，因天气恶劣，只能下撤。这次天气不给力，希望他下次登顶成功！（他因为时间紧迫，需要早点回去工作，便请向导陪他提前冲顶，因此和我们的行程不同）加油！

吃完早饭，我们就急忙收拾好行李，准备返回大本营了。昨天买的西瓜，带到酒店后，切成一块一块的，但昨天只吃了一半，还有一半没有吃完，我便找了个塑料袋，把剩下的一半装在里面，离开酒店的时候，也带上了。

出租车下了公路，又往山脚的方向开了一段路之后，我们下了车，接下来的几段高坡需要我们自己爬上去。山谷间蓝天低垂，仿佛伸手就可触及，四周连绵的雪山翩翩起舞，在白云映射下的山峰轮廓多姿多彩。潺潺的冰河从慕士塔格峰流出，沿着崎岖蜿蜒的山坡淌下来，流过青绿的牧场，牧场上的牦牛正在悠闲地吃着草，几顶柯尔克孜牧民的帐篷像白色蘑菇一样散落在草滩上。

我们边爬边休息，沿途我把带的西瓜分给大家吃，他们没怎么吃，我吃了大部分。

到了大本营后，简单的寒暄之后，大家开始一起包羊肉馅饺子。十几个人都在动手包，气氛非常温馨，不过我好像看到有些人包饺子前没有洗手，我怕不卫生，吃饺子的时候，我还发现羊肉有点味，感觉不新鲜了，因此我只吃了一个饺子，就不敢再吃了。

真的是怕什么就来什么，接下来最后冲顶的几天，我付出了惨痛的代价，甚至差点丢掉了生命。

包水饺

包好的水饺

第十四节　拉肚子

慕峰攀登第十三天：被迫待在大本营休息

我们要开始最后4天的冲顶了，今天需要从大本营攀登至C1营地。全队在大本营合影，领队们做了讲话，给队员们加油鼓劲儿，队员们也都满怀信心地喊着：一定要登顶！

可老天爷似乎要故意给我增加难度一样，早上起来后就开始拉肚子，拉了四五次，合影之前，还刚拉了一次，人很虚脱。

队伍开始出发了，我走在中间，慢慢爬坡。可走了半个多小时之后，我实在是一点力气都没有了，一步都走不动。我站在那里回头告诉我后面的队

出发前全队合影

出发前我们小队伍三人合影

友，我要先下撤到大本营了。队友们问我怎么了，我说早晨拉肚子很厉害，现在走不动了，必须先回大本营休息，休息好之后，要么今晚我赶到C1营地和队伍会合，要么明天早晨赶在全队出发前往C2营地前在C1营地和队伍会合。

队友们有的不说话，有的说让我先回去好好休息。我不知道他们内心是怎么想的，他们可能在想："大胡子不行了吧，看样子是要放弃攀登了，也许他说的拉肚子就是他找的一个借口而已。"但我并不需要顾及别人怎么想的，我自己心里知道：我拉肚子是真的，现在回去休息，并不是放弃，更不是什么借口，我今晚或者明早一定会到C1和队伍会合的。

我返回到大本营，吃了些治疗拉肚子的药，然后就到帐篷里去睡觉。上午天气晴朗，帐篷里温度是非常高的，但我睡在里面却不觉得热，很快就睡着了，可见，我的身体是多么的虚弱啊！

睡了一觉后，我掀开帐篷，向外看去，看到队友洛桑正向营地走来。待他经过我的帐篷时，我问他怎么了，他说他也拉肚子了，先下来休息。

我给他推荐我吃的治疗拉肚子的药，治疗效果很好，然后我们俩约定明天凌晨5点一起前往C1营地和队伍会合，同时，我也告诉了厨师要帮我们提前做早饭，我们明天吃完早饭后就出发。一切都安排妥当了。

我心里想现在好了，明天前往C1营地，有个伴和我一起，这样就安全了，否则一个人上去是非常危险的，在一座茫茫的大雪山里，一个人走着也不知道会发生什么。

吃完午饭后，继续吃药，继续睡。

吃完晚饭后，继续吃药，继续睡。

除了吃饭、吃药、睡觉外，没有其他任何活动。我现在身体已经好多了，今天开始吃药后，没有再拉肚子，感觉身体也开始有力气了。心想明天凌晨先赶到C1营地，然后攀登到C2营地，应该是没有问题了。

现在想想，为什么会拉肚子呢？昨天吃的西瓜前一晚放在房间里被污染了吗？还是那个不新鲜的羊肉馅饺子？现在已经不知道怎么回事了。而且从后面发生的事来看，并不是只有我一个人拉肚子，而有5、6个人拉肚子，其中还有一个向导。

现在先不想那么多了，不管什么原因导致的拉肚子，只要现在身体恢复好了，能够继续攀登就可以了。

第十五节　希望的曙光

慕峰攀登第十四天：从大本营攀登到C2营地

凌晨4点30的时候，我从帐篷里钻出来，去隔壁帐篷喊洛桑，我喊了几声后，他说他身体不舒服，就不上去了。

这样就比较麻烦了，我自己没法上去了。因为天还黑着，我自己上山不安全。

我先到厨房去吃早饭，把洛桑不上去的消息告诉了他们，他们跟我说，有两个夏尔巴6点半的时候，也要去C1营地，我可以和他们一起。现在我没有其他办法，我自己不能上去，只好等到6点半跟他们一起走了。

我知道今天一旦出发将意味着什么，我要在拉肚子仅休息一天的情况下赶上队伍的步伐，需要先抵达C1营地，然后一天内还要抵达C2营地，垂直高度上升将近2000米，面对这么大的体能消耗，身体可能吃不消，也可能会

前往C2营地途中

对身体造成难以预料的伤害，但我没有别的选择，要么前进，要么就放弃。

最终我做到了，我和两个夏尔巴向导6点半出发，我远远地走在他们前面。从大本营到C1营地这段路，我已经走了三次了（其中一次是到前进营地，并不是真正地到C1营地），之前两次走得都非常慢，但这次我浑身上下都充满了体力，速度非常快，只用了3.5个小时就抵达了C1营地，成功和大部队会合。

我到C1营地的时候，其他人刚吃完早饭，正在穿戴装备，大家看到我，有些意外，又有些兴奋。我想他们可能是真的觉得我不会再上来了吧。领队过来迎接我，抱着我拍着我的肩膀说："大胡子，你一定能登顶！"

我来不及休息，快速换上连体羽绒服、登山靴、冰爪后就和队伍一起出发前往C2营地了，经过艰难的攀登，我5个小时后又成功抵达C2营地。到了C2营地后，我躺在帐篷里，强子拿着录像机，边录边问了我一些问题。

强子：现在是海拔6200米的C2营地，现在什么感觉？

我：现在还好，没什么高反，有些劳累。

强子：你昨天肠胃不舒服，对吧？

我笑着说：对啊，昨天出发前拉肚子拉了四次，出发后身体没有力气，途中撤退返回到大本营了。

强子：然后今天早晨5点钟起来，6点半出发，从大本营赶到C2营地，连爬两个营地，累计爬升有1800米。

我：是的，这个没有办法，没有其他选择，今天必须要到C2营地，否则的话，我的2017年就玩完了（大笑）。

强子笑着说：为什么玩完了？

我：今年的慕士塔格峰攀登，我准备了很长的时间，为了爬山，我放弃了很多东西。如果说因为拉肚子导致攀登失败，我回去不知道还能干啥，如果做其他事情，可能没什么心思。所以我说，2017年就玩完了。我正是抱着这个想法，今天一直坚持攀登到C2营地。

强子：但是拉肚子是生理反应，也是情有可原的啊！

我：怎么说呢，我之前拉练时的状态一直都还好，但是关键时刻开始冲顶了，拉肚子，这个……

强子打断我的话说：但这是不可确定的，是种意外因素啊。

我：确实是种意外，可能是我自己不能原谅自己吧。也许不去塔县休整，也许会好一点呢。总的来说，我对自己要求比较高吧。不管怎么样，哪怕有1%的机会，我抓住了这1%的机会，到了C2营地，现在重新又和大家站在了一起，我没有放弃，我觉得我做得很对！

强子：但你付出了比别人更加艰辛的代价，会很辛苦，因为你一天爬两个营地，这是两天的行程，可你一天就要把它完成。

我：对的，昨天咱们出发的时候，我没走几步，就撤退了，下山之前，我碰到了几个队友，我说我一定会回来，不管是什么方式。我觉得我说话算

C2营地

慕士塔格峰C1营地至C2营地途中

话，对自己也是一种负责，不管怎么说，这1%的机会看似很小，但是努力一把，也没那么夸张，也是可能实现的。

C2营地接受强子采访

强子：如果你不能全力以赴的话，这1%的小概率就让你放弃了。

我：对，确实是这样的。如果没去努力就放弃的话，太可惜了。爬这种高海拔的山，每个人都会有高原反应，都会很辛苦，但是咬咬牙，可能就挺过去了，可能是不一样的结果。

强子：有没有觉得在这次攀登中，可能一个很小的疏忽，在这种高海拔的环境里，会被无限地放大，让你承受自己想象不到的后果？

我：对，这个确实是。现在看来，从这次登山来看，我也学到了很多东西。下一次呢，我会更加注意一些细节，比如说饮食啊，生活习惯啊，这非常非常重要。

强子：那现在的身体状态和昨天下撤到大本营前的状态有什么明显不同吗？

我：昨天下撤到大本营后，吃了些药，喝了些葡萄糖，加了些盐水，正常吃饭，不停地睡觉，一天没有拉肚子，直到现在也没有拉肚子了，只是感觉还稍微有点虚弱吧，现在正在接近身体的正常状态。

慕士塔格峰C1营地至C2营地途中

C2营地（一）

慕士塔格峰恐怖的冰裂缝

C2营地（二）

强子：如果以现在的身体状态或者身体状态的发展趋势来看，对未来攀登至C3营地或者冲顶有没有信心或者有什么顾虑？

我：我现在没有什么顾虑，当时我下定决心在一天之内从大本营冲到C2营地，之所以做这样的决定呢，就是因为我一旦到了C2营地，休息一晚，努努力，冲到C3营地，然后再努努力冲顶，这应该是问题不大的。所以说，我没有什么顾虑，现在主要是希望自己休息得好一点，体能恢复一下，明天继续到C3营地！

强子：祝你圆满顺利！

我：谢谢！

今天我做的一切不是为了每一个队员向着我竖大拇指，而是我不愿意轻易放弃！加油！

前往C2营地途中

第十六节　仙山昆仑

慕峰攀登第十五天：从C2营地攀登到C3营地

很幸运，昨天海拔快速上升并没有对我的身体带来太大的剧烈变化，身体整体情况稳定。昨天晚上睡觉前我吃了一些巧克力，泡了包方便面，连汤带面都吃了下去。夜里睡得比较好，只有些轻微的高反。

今天我们要抵达C3营地（海拔6900米），我们早早地吃完早饭，待在帐篷里休息。在高海拔的位置，所谓早饭也就是一些小面包、豆奶粉、饼干、方便面之类，不敢奢求太多。午饭也都是在路上吃的，即路餐（当然是凉的），基本上都是些碳水食品，这些食物易于消化，但是提供的能量不高，像巧克力、坚果之类的食品能够及时提供大量的能量，但在高海拔，却很难吃下去。而像牛肉之类的肉类食品，虽然含热量高，但在高海拔很难消化，不能及时提供能量，一般在海拔6000米以上就很少吃了。

前往C3营地途中

攀登途中

在今天的攀登过程中，还发生了一件事，之前我说过，为了安全，大家都是把安全锁扣在公用的路绳上。即使队员需要方便的时候，也不能把安全锁打开走到比较远的位置去，只能就地解决，否则，离开路绳很容易发生危险，像滑坠、掉进暗冰裂缝都是很可能发生的。（只不过当时，我还不能很好地理解这些，现在能很好地理解了）

那发生了什么事儿呢？一个女队员突然在我面前，直接方便了起来，我看到后，赶紧转过身去。我觉得非常的不可思议，心里想登山是一种什么运动呢？居然能让一个在城市里那么注重自己形象和尊严的女人在登山过程中完全不顾这些，直接在其他男人面前方便起来。这样的登山不知道有什么意义呢？

这就是我当时的想法。现在想来，其实没有必要把这个事情放大去看，它发生了就是发生了，只是登山过程中非常真实的一面罢了。

抵达C3营地

我们队伍11点半出发，下午5点抵达了C3营地。营地的后方是一片不断朝上弯曲延伸至峰顶的大缓坡，它形成的一条横向的山脊轮廓线在苍茫的穹宇中还隐约可见。夜里如果不下雪的话，全队计划凌晨1点出发冲顶！

现在海拔已经有6900米了，氧气含量非常低，我的头并没有疼痛感，只是安静地躺在帐篷里休息。营地非常安静，突然在似醒非醒之时，我看到一群像是生活在另外一个维度空间的“人”在离营地不远处的山脊上，漫无方向的如光一般极速地奔跑着，伴随着音乐，他们跑一会儿，跳一会儿舞。有一个“人”还跑过来拉我们帐篷的链子，我们相互对视了一眼，他就跑开了。他头发很长，但披头散发，穿的衣服很少，一点都不怕冷，但长得什么样，过了一会儿等我反应过来时，就已经记不起来了。这种音乐诡异缥缈，但很悠扬畅快，有些重金属音乐的韵味！（这是我听过最美的音乐，但现在已

无法回忆起这个音乐的曲调了）

我认为我是很清醒的，也许是在缺氧的状态下，我的大脑受到了影响，看到了其他维度空间的生命吧。或者我只是产生幻觉了呢？

这里非常神秘，有人说这里就是古书中所说的仙山昆仑，如果它真的是仙山昆仑的话，那这里一定会住着很多的神仙，因此发生一些神秘的事也是正常的。但我们看到这些神秘的事可能只是幻觉，在慕士塔格峰，经常会有人产生幻觉。

在这里产生幻觉比较科学的解释是：这里氧气含量极低，大脑不能正常运转，因此会出现各种各样的幻觉。

我的向导曾经跟我们说过，在他带队时，发生过好几次类似这样的事情：

他们一群人正在朝上攀登，突然有一个队员就转身往回走，别人问他为什么往回走，他说他已经登顶了。

别人告诉他还没有登顶，但他精神恍惚地坚持说他刚刚登顶。

别人让他把手机掏出来，给大家看看他的登顶照片，他此时已经神志不清了。

这明显是产生了高反，神志恍惚，出现了幻觉。

C3营地，我的胡子已经结冰了（一）

C3营地，我的胡子已经结冰了（二）

英语回答着，我再看了看他的长相，竟然是我们队伍的夏尔巴！原来是领队在C3营地发现我登顶后迟迟没有回来，担心我的安全，便派夏尔巴出来找我的，运气还真好，我们碰到了。他问我要不要躺在地上，他拖着我走，我很累了，心想他愿意拖着我就拖吧。他把简单的拖人装置打开，我躺在上面，他就开始拖着我走。

实际上他拖着我回C3营地所花的时间，走走停停加在一起也不超过10分钟，但就这不到10分钟的距离，我之前却找不到C3营地在哪。

到了C3营地后，我们必须要赶在天黑前下撤到C2营地，因为C3营地位置太高了，从顶峰下撤回来的人无法在这里安全睡觉，最好下撤到C2营地。我匆匆地钻进帐篷里打完包，和领队一起又坚持行走了2个多小时才回到了C2营地。

回到了C2营地，我心里踏实了，今天是特别漫长、艰难的一天，我人生中从未这么累过！我也长了个记性，以后就是累垮也要跟上队伍，不能掉队！晚上我睡得很踏实，因为我克服了重重困难登顶了！另外通过这次攀登，我对“坚持”有了更深的理解，虽然从结果上来看，我通过坚持，没有放弃，最终登顶了慕士塔格峰，但是付出的代价是很大的，有好几次与死神擦肩而过，这值不值得的呢？我们需要辩证地去看待“坚持”与“放弃”之间的关系。

编号：2017147

证 明 书

汝志刚 于 2017 年 7 月 2 日 12 时 00 分，在攀登 山脉的 慕士塔格 峰时，到达 海拔 7546 。

特此证明。

中国新疆维吾尔自治区登山协会

2017 年 9 月 25 日

我冒着生命危险换来的登顶证书

我想说，放弃很难，但有时候，放弃也是一种能力，我们不能轻易放弃，但该放弃的时候要勇于放弃，毕竟生命是最珍贵的！

遥望慕峰大本营

第十八节　大难不死

慕峰攀登第十七天：从C2营地下撤到大本营

昨天登顶成功下撤到C2营地后，我完全没有了压力，夜里睡得特别好。今天体力恢复了，满血复活，我是一路小跑到大本营的。大本营比之前出发前更加干燥，地上的积雪已经完全消融了。一座座帐篷像五颜六色的花朵散落在大地上，迎接着我们的回归。远方一簇簇的云团挂在深蓝色的空中，形成一条丝带，与连绵起伏的山脉连在一起，描绘出多姿多彩的轮廓。

路上我想着待会儿回到大本营后如果能吃顿火锅该多好啊，结果回到大本营后发现厨师们真的做了火锅在等着我们！经历过磨难后，在我眼里一切看似平凡的事物都变得不再平凡，我觉得这是我吃过的最好吃的一顿火锅。吃着美味的火锅，我内心感到无比的快乐幸福！

登顶后，下撤到大本营吃火锅

第十九节　遭遇泥石流

慕峰攀登第十七天：返回喀什

离开大本营返回喀什的途中，我看到当地的柯尔克孜族孩子们在飘扬的五星红旗下开心地笑着，很感动！愿新疆各族人民像石榴籽一样紧抱在一起，团结稳定，也愿祖国越来越强大！

当车子开到公路上的时候，我回头望去，慕士塔格峰静静地耸立着，被一层云雾笼罩在其中，继续保持着它的神秘莫测。过去的15天，我们在那里拉练、攀登，但此时此刻，仿佛一切都未曾发生过，我们只是匆匆过客。

似乎老天爷还觉得我这次攀登不够惊险，在返回喀什的途中，我们还遭遇了轻微的泥石流，这是我第一次遭遇到泥石流。说是轻微，但依然非常恐

五星红旗下的柯尔克孜族的孩子们

怖，小石子不断地从山上极速落下，砸在车上，清脆的撞击声不绝于耳，地上到处都是散落着的石头。司机不敢冲过这一片发生泥石流的区域，只好在原地等着泥石流的状况有所好转，不巧的是，这时我们发现车子的轮胎被路上尖锐的石子给戳破了，于是司机把车子倒退了些距离，避开石子，先把轮胎修好了。等了一会儿，泥石流的情况依然没有好转，只能冲过去了，司机加快油门，冲过了泥石流区域，最终有惊无险，我们返回到了喀什！

回到喀什后，我先好好地洗了个澡，看着镜子中的自己，非常沧桑，然后我称了一下体重，瘦了25斤。15天瘦了25斤，这个数据太恐怖了，这足以说明攀登的过程有多么的艰辛。

晚上队伍开了庆功会，大家都很开心。队伍里的一群“60后”队友们还在一起拍了个照，他们都是快60岁的人了，克服了重重困难后最终登顶了慕士塔格峰，我真的由衷地为他们感到骄傲和开心。

第二天，队友们相互告别后，绝大部分队友都陆续地离开了喀什，而我没有急着离开。我想在酒店里休整几天，让身体先恢复一下，同时慢慢地感受一下喀什这座城市。

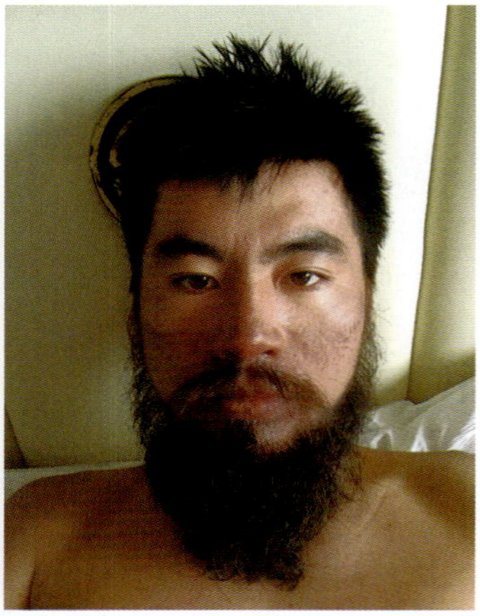

回到喀什

登顶后的庆功会，队伍里“60后”队友们的合影

和队友在饭店里

为了登山，禁酒很长时间了，
现在终于可以喝啤酒了，爽！

无花果

喀什的水果

第九章 生死时速

日出

2018年10月5日凌晨，在我乘车从布尔津返回乌鲁木齐途中的高速公路上，发生了严重的车祸，我和同伴们与死神擦肩而过，至今想起这件事，我还心有余悸。

游玩喀纳斯景区后，我和两位之前途中认识的伙伴在布尔津找了辆私家车，准备返回乌鲁木齐。司机是个哈萨克族年轻人。夜里11点多，我们吃完晚饭后，就出发了。

路上司机又带了个人，我们5个人一边开车，一边说笑，朝着乌鲁木齐的方向前进。渐渐地，我和小伙伴们都睡着了。

我正游离在睡梦之中，突然被一阵急剧的身体扭曲感和受到惊吓的呼喊声惊醒，我瞬间意识到发生了车祸。

而几乎在同时，车子在路上快速地颠簸着，打了几个转后，眼看着即将撞向护栏，这一刻时间仿佛停滞了，我只想起了死亡，甚至来不及想起其他任何人。

咣的一声，车子的头部撞在了护栏上！

这一撞，车子停了下来，我的身体瞬间被巨大的拉力拉了回来。

车里冒出一阵烟，烧焦味顿时让伙伴们恐惧起来，不停地撞击车窗，试图冲出去，然而后面的门都打不开，我在副驾驶的位置车门也打不开，我喊司机赶紧打开主驾驶门，此时他已经六神无主了，我让他冷静下来，他慌乱地操作了一番之后，主驾驶门终于被打开了。车门打开后，我们车里的五个人都从车门处快速地爬了出去。

爬出车后，我们看到车子的左后轮胎瘪瘪的，才明白了刚才发生了什么。原来是在行驶的过程中，左后轮胎发生爆破，司机不知道发生了什么，惊慌失措中稳不住方向盘，导致车子不停地打转，最终撞向了栏杆，停了下来。

我们都检查了自己的身体，看看有没有受伤。我活动了下，感觉身体没有受伤，甚至连皮都没有擦到。同行者中的其他人也没有大碍，只有阿强

（化名）似乎脖子颈椎处受到了撞击，他一直弯着腰低着头，靠着护栏在瑟瑟发抖。现在的温度非常低，已经接近零下了，我赶紧去找厚的衣物。

车完全被撞得报废了

我回到车前，透过车窗，才看到副驾驶座前的气囊弹了出来，之前发生车祸的瞬间，我甚至都没有注意到。我发现车里没有衣服，定了下神，才想起来之前车里开着空调，是很暖和的，我们在车里都穿的比较少，因此把厚衣服都放在了后备厢。但经过撞击后，此时后备厢已经严重变形，打不开了，因此放在包裹里的衣物拿不出来了。

没有办法，看着同伴还在痛苦中挣扎，我只好把我的单褂脱下来给他穿上，我只穿着一件短袖T恤。他穿上我的单褂后，感觉没有那么冷了。我问他脖子怎么了？他说刚刚脖子被车顶撞了一下，现在很痛。我听了后，非常担心，如果颈椎被撞坏了，就糟糕了。他让我把他的手机掏出来，替他给他的女朋友打个电话，这情形，大有临终前交代遗言的感觉，我也很担心。我给他的女朋友打了电话，把他的情况告诉了她，她声音哽咽，不敢相信发生的事情。

挂了电话后，我赶紧在寒风中颤抖地拨打了120和110的电话，接下来，我和其他的同行者们一边设置车祸警示牌，一边焦急地等待着120和110的到来。

我抬头仰望着天上浩瀚的银河和那弯弯的黄月，多么美丽啊！我不禁要问这怎么能是一个发生车祸的夜晚呢？然而实际上在我们发生车祸的同一时间，世界上很多地方也会有类似的灾祸，很多人会离开这个世界。我想这可能就是上天的启示吧，寓意着无论谁的离开，都不会改变日月星河的斗转星移。人类在宇宙间真的是沧海一粟啊！正是因为非常的渺小，我们才一定要珍惜生命、热爱生活啊！

夜幕里的月亮

经过了漫长的2个多小时的等待，救护车终于来了，我和受伤的同伴先前往医院，其他人继续等公路交警。到了医院检查身体后，医生说我的同伴并没有什么大碍。听到医生的诊断后，我悬着的心终于落了下来，没事就好！

过了一会儿，其他的同伴和交警也都来到了医院。来医院前，他们已经记录好了车祸发生的过程，也拍了现场照片，司机也给保险公司打了电话，看样子保险公司理赔是肯定的了。

在和交警的交谈中，我了解到车子出事之前是刚买的新车子，不过现在已经报废了，直接拉到了报废场里去了。他们还告诉我司机是刚拿到驾照的新司机。

真的是一语惊醒梦中人啊！我向来是一个非常谨慎的人，但这次非常奇怪，在我们找车子的时候，我并没有问司机的驾龄，也没有问司机白天有没有睡觉等这些非常重要的与安全有关的问题。甚至我在以前的旅行中是不会乘小车走夜路的，因为不安全。后来我想，可能就是因为，我第二天晚上要从乌鲁木齐飞乌兹别克斯坦的塔什干，需要赶时间，而忽略了这些与安全有关的问题。

这真的给我提了个醒，以后再赶时间，也要把安全放在第一位！

车已经完全报废了，司机给我们找了另外一辆车，继续载着我们前往乌鲁木齐。这个时候，已经快凌晨5点多了。

不久，清晨血红的朝霞张开了它的怀抱，扑向大地，仿佛也在迎接着我们的新生！

我们上午到了乌鲁木齐后，在酒店里，我和伙伴们还在讨论着这场车祸，仿佛是做了一场梦。新车子都直接撞报废了，我们却毫发未损，真的不可思议。我跟他们说："昨天白天，咱们去看喀纳斯湖，下山回来的时候，沿途捡了很多垃圾，因为太多了，只能直接抱在胸前，走了很远的路，最终才把垃圾放到村子里的垃圾桶里。可能是因为做了这件善事，老天爷感动了，保佑我们吧"。他俩听后说："真的可能是这样的啊。"

哈哈，这当然是开玩笑了。老天爷保佑的可能性真不大，但是爱护环境，却是人人都应该尽的责任和义务啊。

夜晚璀璨的星空

第十章 罗布泊探险

小河墓地遗址

第一节 探险前准备

在新疆，对一个旅行探险者来说，有一处地方充满着无限的吸引力，这个地方就是地处罗布泊沙漠西北角的楼兰。

我一直想去古楼兰国的故城遗址参观，但一直没有机会。2019年我从南坡登顶珠峰后，有一大段的空闲时间，于是我11月份再次来到新疆，这次想到罗布泊沙漠里看看，去寻觅楼兰故城、小河墓地等世界闻名的考古遗址。

为什么要用“寻觅”这个词呢？因为遗址处在罗布泊沙漠之中，没有路，难以判断它们的具体方位，很难被找到。

我和一些朋友们在新疆玩了半个月后，我一个人来到了若羌。若羌处于罗布泊沙漠的西南部，是全国面积最大的县，约有两个浙江省的面积那么大，这里生长的若羌红枣、若羌灰枣闻名全国。

若羌红枣

古“丝绸之路”经过这里，中西方文化在这里交流汇聚，曾经的西域三十六国之一的楼兰国就在今若羌所辖的范围之内。

因为地处沙漠边缘，若羌县城总有些灰蒙蒙的感觉。我来到这里后，基本上一直待在酒店里写我的第一本书《我的珠峰攀登》，没怎么出去。除了写书，我还在等一个消息：我的朋友正在帮我联系一个和我一同前往楼兰故城、小河墓地等遗址的向导。

又等了一天，我的向导从北疆赶过来了。他带来了一张全疆旅行探险线路地图，几乎所有的著名景点都标在了上面。他把地图摊开，铺在床上，我们俩一起看着地图研究接下来的探险线路。

罗布泊里可以探寻的地方很多，有楼兰故城、小河墓地、米兰遗址、湖心、彭加木失踪地、太阳墓、古墓沟、铁板河墓地、余纯顺遇难地、红柳滩、八一泉、野骆驼保护地等，还有其他一些未发现的遗址。

我对这些地方都很感兴趣，但是现实决定了我不可能每一个地方都去。这里面有很多因素，我都需要考虑。比如说：

第一，这些都不是普通的旅游景点，它们处于沙漠之中，探险者很难发现或抵达，想抵达那里，要花很多的钱和很长的时间。

第二，很多景点是不对公众开放的文物保护单位，走近参观需要合法的手续。

第三，有些景点的特征是类似的，比如铁板河、古墓沟、太阳墓、小河墓地等都是约3800年前同一时期的罗布泊文明遗迹，因此我们选择其中的一个就可以了。

综合考虑，我们最终决定只前往其中的楼兰故城、小河墓地、米兰遗址、彭加木失踪地、余纯顺遇难地、湖心等遗址。

要去的地点我们已经决定了，我们还要考虑另一个问题：怎么进入罗布泊呢？

开车？牵着骆驼或者毛驴徒步进去？如果选择徒步进去，那么探寻到这些地方需要很长的时间，因此需要带很多的物资才行，这样就必须牵着背负

罗布泊地区出土的具有3800年历史的木箭

着物资的骆驼或者毛驴进去。

徒步的感觉自然是很好的，但我们如果徒步前往这些地方，估计要花3个月的时间。时间太长了，可我还有其他很多事情要做，不能把时间全部都耗在罗布泊探险上。另外，带着一支驼队或者驴队在罗布泊沙漠里走着，会给自己带来很多麻烦。

因此我们商量后最终选择了开车进去。

第二节　地球之耳

前往小河墓地的路上有段河流正在发大水，车辆无法通过，因此我们决定先去湖心、余纯顺遇难地、楼兰故城等地。

从若羌出发，楼兰在若羌的东北部，直线距离约230公里。向导的车子不适合在沙漠里开，我们当天晚上又找了一位司机，据说他经常去楼兰故城，知道路怎么走。第二天早上我们便要前往目的地了，夜里还下了一场难得的雨，似乎预示着我们的行程一切顺利。

第二天，司机开着他的越野车来到酒店接我们，我们吃完早饭后，把车子加满油，就出发了。

我们在若羌库尔勒公路上开了约120公里后，驶到一条支路公路上，在这条公路上又开了约50公里后，公路旁一条有着清晰车辙的盐壳路出现在眼前，司机慢慢地降下车速，把车子拐到这条沙漠路上，加起油门，继续前行。这片地带，都是硬硬平平的盐碱地，几乎没有沟沟坎坎，车子开在上面，很通畅。向导打开GPS，画面上显示我们的车子正在不断接近形似大耳朵的罗布泊。

小河地区出土的鞋子

罗布泊的形状像人的耳朵，因此被称为“地球之耳”，《山海经》中最早对其有记载，称之为“幼泽”。

车子又开了一个多小时，我看到车子前方的两旁有几处墓碑，待我们接近时，司机让我们下车，说湖心的位置到了。我很兴奋地下了车，心里想昨天晚上我们还在规划要到这里，现在就已经到这里了，没想到会这么快！

然而我并没有看到流传在网络上的写着“罗布泊湖心”5个字的碑。他俩说，“湖心”碑已经被推倒移走了，我问为什么，他们说可能是国家担心此碑泄露地理位置坐标吧。对于这样的回答，我觉得毫无道理。如果这个碑能泄露地理位置坐标的话，那么现在立在这里的另外几块碑一样会泄露啊，再说了，这里虽是无人区，但现在使用定位软件去定位放大一个地方，还是很容易的。因此，湖心碑被移走可能有其他原因吧，我想大概是因为“湖心”碑不是官方立的吧，或者可能只是被毁坏了，或者被偷走了而已。

我朝着那几处立着的碑看去，一块是为纪念赵子允先生而立的丰碑，赵子允先生是我国由新疆大漠走出来的杰出的地质工作者、探险家，他在野外

赵子允先生的纪念碑

探矿、探险长达四十余年，足迹遍布罗布泊、天山、阿尔金山、昆仑山、吐鲁番盆地、柴达木盆地等，不仅发现了大量矿藏，还对许多无人区进行了精确测量，为新中国的建设事业做出了卓越的贡献。

另一块是为纪念陈宗器先生而立的丰碑，陈宗器先生是我国著名的地球物理学家，我国地磁学的开拓者。他对额济纳河流域、祁连山、柴达木盆地等地区进行了地形测量，首次精确地测量了罗布泊的位置与形状，首次对塔里木河、孔雀河等河流流量进行了测量，等等，他的一生不畏艰难困苦，为我国的地球物理事业，特别是我国的地磁事业的开创和发展做出了卓越的贡献。

陈宗器先生的纪念碑

脚下的盐碱地非常坚硬，我放眼望去，周边一片沙漠色，一丁点儿绿色都没有，完完全全是一片不毛之地，仿佛外星球一般。这里海拔不高，仅有700多米，但由于没有植物，空气中氧气含量不高，我们喘气也不那么顺畅了。古时候，罗布泊曾是我国的第二大咸水湖，仅次于青海湖，塔里木河、孔雀河、车尔臣河、疏勒河等汇集于此。

罗布泊的另外一个名字叫罗布淖，是蒙古语的音译，意为多水汇聚之湖，可见在很久以前，罗布泊还有大量的水。可惜的是，由于气候变迁和其他因素的影响，上游来水越来越少，湖水面积越来越小，1972年之后，完全干涸，现仅为大片盐壳。

宿营塔里木河畔

第三节　孤胆英雄

中午时分，尽管现在已经是冬季，但温度依然可以达到20多摄氏度，我们完全暴露在一望无际的荒野之上，莫名的孤独感油然而生。这里也许是世界上最孤独的地方吧。

我们上车继续前行，走了半个多小时后，朝着路旁右方的一条小道开去，没多一会儿，司机告诉我们余纯顺遇难地已经到了。

我和向导走下车，先看到的是当年余纯顺遗体被发现的地方，现在这里是一处简单的衣冠冢，他遇难时穿着的一些衣物和生活用品被埋在了这里。向导告诉我说，这里好像前段时间被盗了。我听了之后，非常惊诧，这里埋葬的都是一些生活用品，有什么好盗的呢？他告诉我说，哪怕是他生前使用过的一把小刀，对盗墓贼来说，也是有吸引力的。我感慨道："好可恶的盗墓贼，甚至为了这点东西都不让死者在地下安生！"

衣冠冢旁边就是他真正的墓地，他的墓结构简单，但很有特点，小巧浓缩。后方两层由黄色、淡红色的砖简单堆积而成的台基上方竖立着一块用石头砌成的石碑，石碑上写着几个大字：余纯顺之墓。字的上方是一块石砌的余纯顺的头像。最底层的台基旁还放着一束早已干枯的鲜花。墓的前方，是用沙土堆成的坟丘，坟丘底部四周围着一圈用来替代花圈的酒瓶。后来祭拜者的创意可谓别出心裁，深入不毛之地的旅行者和探险者们显然是不会带着鲜花来的，他们为了向这位勇者表达他们心中的敬意和悼念之情，只能用随身携带的酒瓶来替代鲜花，围成花圈的形状。坟丘前方的地面上还倒放着一块石碑，上面写着：勇士余纯顺永垂不朽。

各类酒瓶放在他的墓前，表达着后来者对这位孤胆英雄的敬意，但酒瓶里未必全是酒，还有水，这是为了帮助大漠中的后来探险者急需要水而准备的，这个举动也许能救他们一命。可见这个小小的墓地不仅是探险者的精神家园，还是一处人文关怀之地。

整个墓碑（含台基、石碑）的构造从下往上不断收缩，呈锥形，形似古塔状。我无法得知当时墓地设计者在设计此墓地时有什么深意，但类似古塔的形状，似乎在建立一种遇难者与佛教之间的联系，简单来说，就是希望死者在死亡之后可以借助"古塔"通向佛教里所说的极乐世界吧。

余纯顺墓地

余纯顺曾行走在祖国各地，孤身徒步穿越过多个无人区，但在1996年6月纵穿罗布泊时不幸遇难。他虽然已经遇难多年，但他不断探险的精神依然鼓舞着后来的旅行者和探险者不断前行。

在肯定勇者精神价值的同时，我也在想另外一个问题：余纯顺选择6月徒步纵穿沙漠，是不是理智的呢？这个季节，沙漠里酷暑难耐，地面温度可以达到70摄氏度，另外沙尘暴时有发生，这个季节穿越沙漠，可谓是九死一生。他的勇气固然可嘉，但他的遇难经历也时刻提醒着后来的旅行者和探险者要做到科学探险。

我向这位英雄致敬后，不得不离开了。

我们调转车头，朝着之前来到这里的反方向开去，准备前往楼兰故城遗址。

第四节　幸运的铲子

朝着楼兰的方向有很多条车辙印纵横交错，我想经常去楼兰的司机才能分得清哪条是通向楼兰的路吧。

路不像之前的盐碱地那么好走了，这一带是雅丹地貌群，千百年来，被河道、风沙侵蚀而形成的纵横沟壑如犬牙交错般散布其中。另外，这里的地面是盐碱地正在过渡为沙漠的半沙漠地带，因此地面比较软，车子很容易陷进里面去，我们小心翼翼地行驶着。

在一处不规则的高低起伏的沙地，下坡时，我们的车子深深地陷了进去。司机尝试了很多次，车子依然开不出来，几个轮子总是在沙堆里打滑。

但我不着急，我想车子总是能出来的吧。我一个人走到前方不远处，这里是一处高地，我站在上方，环顾着四周，一阵孤独与苍凉之感随即扑面而来。现在已经下午4点多了，阳光依然强烈。漫漫的荒漠在阳光的照射下，呈现出一片金黄，显得神秘莫测。

发动机的声音轰隆隆地响着，司机还在不断努力尝试着把车开出来。突然我似乎看到远方有一辆车一闪而过，我赶紧睁大眼睛再确认了一下，确实有一辆车沿着高低起伏的沙路若隐若现地朝我们开来。我赶紧跑过去告诉司机和向导。他俩听到后，赶紧跑到高处去看。等这辆车接近我们时，下来两个人，看地出来是少数民族的。问清后，他们原来是生活在罗布泊周边的村民，进来寻宝的。

他们告诉我们，下午寻宝的时候，突然看到有一辆车向他们驶去，他们吓得赶紧开车就跑，刚才看到我们，还有些担心我们，听到我们不是文物管理部门的人，他们就放心了。他们还请求我们，待会如果我们也看到那辆车的话，千万不要告诉那辆车上的人关于他们的任何行踪。

他们的车里还有另外几个人，看到我们的车陷进沙子里了，他们都下来了，他们拿出了绳子，一端系在他们车的车尾部，一端系在我们车的车头部。两台车一起开动起来，没多一会儿，我们的车就从沙堆里被拉了出来。

我们感谢了他们之后，相互告别。

我想我们如果没有碰到他们，车子就会陷在这里了，短时间不可能出得来，今天楼兰遗址就参观不成了。另外，我并不明白他们所说的寻宝到底是指什么。

车子又开了起来，我问司机刚才那些人说的寻宝是指什么，司机跟我说，楼兰古国地处古丝绸之路的咽喉要塞，以前非常繁华，因此附近沙漠里肯定埋藏着很多古代的文物。有时候，风刮的大了，这些文物就露出地面，碰巧的时候，人路过就能捡到这些宝贝。

沙漠周边的一些村民还会主动进来捡宝，他们一行几人，一起租一辆车，带上帐篷、被子和吃喝的东西，在沙漠里长期到处转，碰碰运气。但是也很难说，他们会不会去盗掘文物，不管是哪种方式，他们进来都是不被允许的。像楼兰故城、小河墓地这些遗址都是非开放的文物保护单位，因此，如果沙漠里的文物保护单位的人或者一些巡逻人员看到他们后，总要对他们盘问一番，可能还要对他们进行处罚，所以他们才会那么担心。我听了后，才明白过来，怪不得刚才看到他们车里乱糟糟的堆满了各类生活用品。

我们继续前行了一会，迎面又开过来一辆车。我想这辆车应该就是刚才那些村民说的那辆车吧，车里的人也是过来参观楼兰故城的。我们简单地打了招呼后，继续前行，前面就是楼兰故城了。

我不断地走近楼兰故城，仿佛时空穿越一般，我去到了那个遥远的楼兰古国。

楼兰地处丝绸之路要道，最早见于史籍《史记·大宛列传》，其中记载道："楼兰、姑师邑有城郭，临盐泽。"意思是说楼兰、姑师的城镇都有城郭，靠近罗布泊。

楼兰，是一处令世人充满无限遐想的地方，关于它，我们总有很多的问题萦绕心头，楼兰人是什么人种？他们说着什么样的语言？他们是怎么消失的？

而我们要想解答这些问题，不得不提到一个人，他便是瑞典探险家斯文赫定。斯文赫定把楼兰重新带入人们视野的过程颇具戏剧性。

1900年3月28日，这是一个特别的日子，这天下午，正在罗布泊探险的斯文赫定在沙漠里发现了几间木房子。在房屋内外，斯文赫定拿着一把铁锹不断挖掘，挖出了几枚中国古钱币、几把铁斧和一些佛造像木雕。此时天色已经黑了下来，他不得不停止考察。

第二天清晨，本打算在这处遗址继续挖掘的斯文赫定一行，不得不遗憾地离开了。原因是他们发现所带的冰块因为天气变暖，很多已经融化了。为了节约水和燃料，他们不能在此地久留，便继续向南穿越沙漠。

沿途的沙漠地带寸草不生，天上亦无飞鸟，简直就是生命的禁区。大家在沟壑纵横的沙漠中，爬上爬下，艰难行走，整整一天也没有走到10公里。

楼兰遗址

傍晚时分，他们来到了一处凹地，发现里面竟然长着几株活的红柳！这说明这里一定有水！让本来缺水的他们顿时喜出望外。

但是当大家要开始挖水时，才发现队伍里唯一的铁锹不见了。原来昨天晚上，他的向导艾尔德克把它落在了那片遗址中。没有铁锹，便挖不了水。艾尔德克表示自己愿意前去取回，斯文赫定担心夜里会有风暴，为了让他快去快回，便把自己的马给了艾尔德克。艾尔德克和马都吃饱喝足后，便上路了。

艾尔德克离开没有多久，沙漠里突然就刮起了沙尘暴。大家都很担心艾尔德克的安全，盼望着艾尔德克能骑着马返回来，但是直到第二天上午还不见他的踪影。正当大家非常担心的时候，累得够呛的艾尔德克骑着马回来了，还带回了铁锹！

艾尔德克给大家讲了他取铁锹的经过：

他出发没多久，就遇到了风暴，路面上狂风卷起流沙，不断地翻涌着，旅队昨天的足迹完全消失了，艾尔德克顿时便迷失了方向。但经验丰富的他让自己冷静下来，慢慢摸索，竟然找到了土楼和房子。不过艾尔德克很快就

楼兰遗址里散落的胡杨木（一）

楼兰遗址里散落的胡杨木（二）

判断出，这个土楼不是前一天夜里扎营过、斯文赫定挖掘的那一个土楼。他还发现这儿的房屋里有一些半掩在沙堆里的精美的雕花木板，屋里还散落着一些钱币和雕像。

艾尔德克顺手捡起了一些古钱币，抄起一块木板，接着便去找昨晚宿营的那个土楼，幸运的是，他找到了，铁锹就立在那里。艾尔德克拿起铁锹、拖着木板便往回赶，和斯文赫定会和。但途中，因为木板很重，严重影响了前进，他只好把木板扔在了半路上。

斯文赫定听后，觉得那块木板可能是件很有意思的东西，也感觉到艾尔德克发现的废墟可能很有价值，他便让艾尔德克休息了一会儿后，重新返回取回了那块木板。看着手里的这块木板，上面雕琢的精美的漩涡花饰和树叶，艺术气息令人惊叹。

斯文赫定本想去挖掘艾尔德克发现的遗址，但队伍在红柳下没有挖出水，所带的水只够两天用的，他只能决定暂时先不去那里，计划明年冬天天冷的时候，等到各方面物资准备都充足后，再前往那里挖掘。

1901年3月，经过充分准备的斯文赫定探险队来到向导艾尔德克之前发现的地方，开始挖掘。他承诺给找到宝贝的人奖励，大家都受到了鼓舞，顿时忙碌了起来。

这处大的遗址分成好几块，他们先挖掘的是去年他们扎过营的土楼（烽火台），它们是用砖、胡杨木、芦苇和红柳堆砌而成的，已经坍塌破败了。距土楼几百米的地方有19间房子，所有的房屋几乎都是木制的，墙壁则是用一束束的和着泥巴的红柳枝构筑而成，其中有3间房屋的门框依然挺立不倒，还有一扇门是敞开的，想来古城里最后一位居民推门离去后，这扇门就一直保持着斯文赫定当时看到的姿态（100多年后的今天，已经看不到这扇门了）。

楼兰遗址里散落的胡杨木（三）

遗址里到处是坍塌的木柱、方木和木墩子，这些东西很大，上面有人工凿成的方洞以及雕刻的精美花饰图案，可见当时这里的繁华。

在这处遗址里，发现了中国钱币、毛毯碎片、丝织品、牲畜骨头、耳环、陶片、靴子底等。

楼兰遗址

随后，他们来到去年向导艾尔德克发现的那处遗址，这处遗址规模比较大，像是一座城池，这里有一处佛寺废墟。

他们在这处遗址里挖出了大量的宝贝，有一米多高的佛祖木制雕像，刻着佛祖盘坐姿势的水平壁饰，两只完整的土陶罐，看上去还可以用来写字的中国式毛笔，一张色泽鲜亮的绣有十字形图案的地毯，大批写有汉文、佉卢文和粟特文的木简、纸文书，精美绝伦的丝织品和毛织品，带有希腊艺术风格的木雕建筑构件，等等。

楼兰遗址里的佛塔

斯文赫定把发现的所有文物带回瑞典后，经过研究发现，他们发现的这处遗址，就是楼兰遗址。至此，历史上赫赫有名的西域三十六国之一的楼兰重现于世。

斯文赫定面对这个伟大的发现，不禁感叹道："铲子是何等幸运，不然我决不会回到那古城，实现这好像有定数似的重要发现，使亚洲中部的古代史得到不曾预料的新光明！"

"看到前面的那座佛塔没？我们到了。"我的思绪被司机的话打断了，我向前方看去，一座像烟囱一样的佛塔孤零零地立在一片荒漠之中。

我已经按捺不住内心的兴奋了，我快速地下了车，朝着遗址走去，向导跟了过来，可司机留在车里，没有下来，他已经来这地方很多次了。

第五节　神秘楼兰

一圈大大的围栏挡住了我们的去路，走近时，我很快就发现，围栏上有一根栏杆被人折断了，人侧着身子就能通过。我还注意到围栏上写着“国家非开放文物保护单位”，我心想：我们是有手续的，进去应该没事。于是我们侧着身子通过了围栏，朝着里面的遗址走去。

这里的地面很软，不是很好走，我们连续上下几个坡后，喘着大气，终于来到了楼兰故城遗址的核心部分。眼前是一处木构建筑遗迹，地面上插满了胡杨木，曾出土汉文、佉卢文的文书及简牍，五铢钱，丝毛织品，生活用具等。

楼兰遗址的房屋遗迹

楼兰遗址的三间房

楼兰遗址佛塔

我用手轻轻地摸着一根胡杨木，历史厚重感油然而生，我感叹于这些胡杨木，历经千年之久，还能伫立在荒漠之中，诉说着这座城市曾经的辉煌。

我向北边望去，不远处有一处大型房址，这应该就是那著名的三间土坯房了。目光再朝北移，是那处像烟囱一样的佛塔。

沿着目光，我朝前走去，沿途有很多胡杨木散落在地上，这些胡杨木都是以前建筑上的构件。我来到了三间土坯房前，曾经这处房中及其附近出土了大量的汉文文书、木简以及早期粟特文和佉卢文文书，估计为衙署遗迹。其西面的一组庭院，可能是官宦宅邸，南边分布着矮小的民居房屋。

我继续朝着佛塔走去，来到佛塔面前，虔诚地观摩着它，它是一处八角形的圆顶土坯泥塔，虽然经历了千年沧桑，得益于这里干旱的气候，整体建筑保存得相对完好，依然气势恢宏，人站在它的面前，显得非常渺小。

我双手合十，围着佛塔顺时针转了3圈，祝愿国家风调雨顺、繁荣昌盛，也祝愿我自己身体健康、万事如意。

我站在佛塔处，凝望着整座古城，据考古发现，楼兰故城遗址占地面积约12万平方米，接近正方形，边长约330米，整个遗址几乎全部为流沙所掩埋，城墙用黏土与红柳条相间夯筑。据推测，这里以前可能是楼兰国的首都。古时候，有河流从西北至东南斜着贯穿全城，哺育着整个楼兰国，楼兰人得以繁衍生息。

然而面对眼前这片荒凉的故城遗址，我们不禁要问，曾经的繁华之地为什么变成现在的这般模样，楼兰人又去了哪里呢?

我们先简单地介绍下楼兰国的历史：楼兰人大约在公元前3世纪建国，公元前77年，汉朝应楼兰王请求，派遣军队在伊循城（米兰遗址）屯田驻守；此后，楼兰更其国名为鄯善，将都城南迁至扜（hàn）泥城（今新疆若羌附近）。

公元400年，东晋时期的高僧法显西行取经，出敦煌，入沙河（罗布泊），行17日后，到了鄯善国（楼兰国）。他在《佛国记》中记载道："其地

米兰遗址（古代的伊循城），斯坦因盗走绘画艺术极具研究价值的“有翼天使”壁画

楼兰遗址

崎岖薄瘠，俗人衣服粗与汉地同，但以毡褐为异。”从所记载的“其地崎岖薄瘠”可见，当时的楼兰国环境已经比较恶劣了。

后来由于孔雀河的改道，罗布泊水不断萎缩，生存环境日益恶劣，约公元422年以后，由于严重干旱，绿洲不断消失，楼兰人不得不遗弃楼兰城，逐渐南移，在南移的过程中，鄯善国（楼兰国）先后并吞了若羌、小宛、精绝、且末等国。

据《魏书》所记载，公元448年，鄯善国亡国。北魏指派韩拔为鄯善王，像内地一样实行郡县制治理，收取赋税。经历了600余年的鄯善国，至此灭亡。

从上面所介绍的楼兰历史简要中，楼兰城被遗弃的原因、楼兰国灭亡的原因等都已经清晰可见，尽管世人对这些问题有着种种神秘的猜测，但总的来说，楼兰国的历史变迁是与战争和气候环境变化紧密联系在一起的，伴随着这一切，楼兰人最终也与其他民族融合在了一起。

孔雀河河畔

第六节　楼兰美女

通过史书记载，我们了解了关于楼兰的很多信息，但是楼兰人是什么人种？他们说着什么样的语言？我还没有提及。想了解这些，我们必须说到斯坦因。

1906年和1914年，英国考古学家斯坦因到楼兰进行大规模的考古。他除了获取了大量文物外，还发掘了两具楼兰男性头骨，并经英国人类学家证实为欧洲白种。经考古研究发现，楼兰古国的人是属于欧罗巴人种下的吐火罗人，是原始印欧人的一支，说着吐火罗语。吐火罗人，发源于乌拉尔山和南西伯利亚，南下进入塔里木盆地，最东到达河西走廊。

从20世纪初开始，罗布泊地区出土了很多干尸，这些干尸几乎有着共同的特征，容貌具有鲜明的欧罗巴人种的特征。从出土的这些干尸检测情况来看，他们均属于古印欧人。这些出土的干尸说明约在3800年前，这里有着古老的“罗布泊文明”。

楼兰美女

1980年，考古学家穆舜英在罗布泊地区发掘出一具女性干尸，头发呈棕黄色，眼窝很深，鼻梁高挺，这具干尸后来被人们称为“楼兰美女”。

当然“楼兰美女”的说法其实并不是源于这具干尸，而是自古有之。在汉朝时，金发碧眼的楼兰美女就在丝绸之路上久负盛名，西域各国王公贵族都争相娶楼兰美女为妻。

除此之外，一些历史典籍中也记载了关于“楼兰美女”的故事：

傍晚的楼兰遗址

遥望楼兰遗址

据《晋书·张骏传》记载，公元326年，割据凉州的张骏趁天下大乱，派军队攻打鄯善，鄯善投降后，鄯善王元孟献出一楼兰美女，这位楼兰美女长得金发碧眼，张骏非常喜欢她，给了她“美人”的封号，还特地为她营造了一座宫殿。

第七节　斩楼兰

整座遗址在夕阳之下显得非常荒凉与凄楚，看着眼前的一切，我不禁唏嘘不已。我想楼兰所处的位置似乎已经注定了它终有一天要灭亡的命运吧。

楼兰遗址佛塔

遥望楼兰遗址

当年的楼兰“使者相望于道”，商旅不绝于途，是古丝绸之路的咽喉要塞（楼兰最早属于丝绸之路的北道，南迁改名鄯善后属于丝绸之路的南道），控制了楼兰，就等于控制通往西域的道路。

据《汉书·傅介子传》记载，汉昭帝以后，楼兰国仍然经常反复无常。大将军霍光派傅介子带着大批财物和勇士前往西域，宣称此行是专门来赏赐楼兰王的。楼兰王看到财宝后，非常高兴，便放松了警惕，于是便去参加傅介子在驿馆举办的宴席，而傅介子早已布下了埋伏。

在宴席上，傅介子和楼兰王坐着对饮，把那些财物拿给他看，等到楼兰王和他的士兵都喝醉的时候，傅介子对楼兰王说：“皇帝派我来和你秘密地谈些事情。”楼兰王便起身随着傅介子来到帐篷里，让其他人退却，两人单独说话，这时两个勇士出来杀死了楼兰王。那些楼兰王带来的贵人和侍从都吓得四处逃窜。傅介子这时说：“楼兰王背弃汉朝，皇帝派我来诛杀他，现在应当改立以前在汉朝做人质的太子为王。汉朝大军将到，不得反抗，反抗，就灭亡楼兰。”众人都表示愿意服从。

这就是著名的傅介子“斩楼兰”的故事。因为楼兰经常对汉朝背信弃义，以后历代的文人墨客在表达自己为国立功的远大志向、抒发豪迈的情怀时，就会提及楼兰，楼兰成了“敌人”的代名词，如诗仙李白的名篇《塞下曲》里有“愿将腰下剑，直为斩楼兰”的诗句，又如王昌龄的《从军行》里的诗句：黄沙百战穿金甲，不破楼兰终不还。

“天快黑了，我们要返回去了！”向导对我说。我的思绪被打断了。

此时，夕阳映射下的故城泛着神秘的光芒，那些残垣断壁流露出一种独特的荒凉之美。我依依不舍地离开了，只留下它静卧在这片古老的荒漠里继续诉说着它自己的传奇。

第八节　探险的意义

有的人经常问，探险有什么意义呢？我来到这里之后，对探险的意义体会的更加深了。

傍晚的楼兰遗址

我想如果没有那些探险家们发现楼兰故城、小河墓地等这些遗址，可能它们对我们来说还依然是一个谜吧。当然，探险家中有些是臭名昭著的盗宝贼，他们经常探寻古迹，一旦发现，就进行破坏性的挖掘，疯狂地盗取，给文物遗址造成了极大的破坏。

我们的国家越来越强大了，经济基础也越来越强大了，我们现在有能力去探险。我们需要探险精神，我们的国家和民族也需要探险精神。有了这种探险精神，我们的国家才能不断探索前沿领域，才能永远屹立于民族之林！

第九节　探险与冒险的区别

有很多朋友经常问我探险和冒险的区别，我在这里介绍一下。首先，这种区别和他们字眼本身没有关系，意思是说并不是这两个词听上去怎么样，或听上去有什么差别等等，而是关于两者的认识和理解以及差别都是我们赋予它们的，比如说我们在这里赋予“探险”一词积极的意义，而给“冒险”一词消极的意义。

其次，那么我们赋予这两者什么样的认识和理解呢？

两者的区别和活动的危险程度、目的等没有关系，更和交通方式是怎么样的，比如是徒步还是搭车等等没有关系，两者的区别在于探险是有组织、有科学规划的，是在各项物资装备尽可能地得到充分保障下进行的活动，而冒险则不然。

举个例子，唐玄奘西行求法途中绝大部分都是探险，因为沿途都有充分的保障，包括人力、物力等（而从玉门关到伊吾那一段就属于冒险了，那一段前景很大程度上是不可控的）。同样，像斯坦因、斯文赫定的行为也属于探险。又如我们登珠峰看似很危险，但也属于探险，因为它是在科学计划下进行的活动。

当年余纯顺在徒步罗布泊时，尽管活动是在相对科学安排下进行的，但是，在夏天极高的温度下想穿越沙漠，带有很大的冒险成分。

简单来说，冒险就好像是在冰面上行走但没有穿冰爪，而探险则是一定需要穿冰爪的，至少不要违背一些物理常识。除此之外，一次科学的探险，务必要做好各项准备以备途中所需，食物、水、衣物、露营设备、救护设备、医疗设备、定位导航设备等，都要应有尽有，另外还要密切关注天气变化等。

显而易见，我们提倡探险，而不是冒险。珍惜生命，科学探险，毕竟生命只有一次。

第十节　罗布泊其他探险

参观完楼兰故城遗址后，我和向导又去了小河墓地、米兰遗址、彭加木失踪地等地。小河墓地是罗布泊地区的另一处举世闻名的考古遗址，在这里出土了大量古老的干尸，据碳14测定，有3800年之久。米兰遗址是古代楼兰国（鄯善国）的依循城，汉朝曾经在这里驻守屯田，建造了一些水利设施，后来唐朝时期，吐蕃在这里修建了军事堡垒，目前的遗址里还发现了一些古代建造的残余佛塔，斯坦因曾经在这里发现了珍贵的“有翼天使”壁画。彭加木失踪地是我国科学家彭加木在罗布泊科考时神秘失踪的地方，关于他的故事民间流传着很多版本，但至今他到底是怎么失踪的依然是个谜。关于这些探险，有很多故事，但因篇幅有限，在此书里就不一一介绍了。

前往小河墓地的途中（一）

前往小河墓地的途中（二）

前往小河墓地的途中（三）

前往小河墓地的途中（四）

小河墓地遗址（一）

小河墓地位于罗布泊地区孔雀河下游河谷南约60公里的罗布沙漠中，1934年瑞典考古学家贝格曼发现了这里，并在这里发现了大量的干尸。这里是世界上出土干尸最多的地方，也出土了世界上最小的婴儿干尸。据测定，这些干尸已经有3800年的历史。除了出土大量的干尸外，考古人员还发现了大量的立木、高大的木雕人像、小型的木雕人面像、雕刻有花纹的木箭、冥弓、木祖、麻黄束、涂红牛头、蛇形木杆、木构上嵌铜片、木器上相同数目的刻划纹等等，这些发现非常具有原始宗教氛围的神秘色彩。

小河墓地遗址（二）

小河墓地沙山上密密麻麻地矗立着140多根多棱形、圆形、桨形的胡杨木桩，都4米多高，很粗壮，多被砍成7棱体、9棱体、11棱体，7、9、11这些数据似乎有着神秘的寓意，但至今仍然无解。1934年，瑞典考古学家贝格曼到达这里时，曾认为立柱上面可能会有屋顶，并且在很久以前就被风吹走了。但是经过我国的考古人员的判断分析，这些木柱都是死者拥有的纪念物。多棱形的上粗下细的木柱可能象征男根（如今现场的木柱形状并不是上粗下细，而是上细下粗，实际上最初的木柱已经被后人替换掉了），桨形立柱则象征女阴。体现着罗布泊人早期对生殖崇拜的文化现象。

小河墓地遗址（三）

小河墓地遗址周边

罗布泊地区出土的具有3800年历史的弓箭

米兰遗址

米兰遗址位于若羌县东80余公里处，是由8座佛塔、3座佛寺、汉代屯田水利设施和唐代吐蕃古戍堡遗址组成的一处面积广大的遗址群落。

米兰遗址文物保护站

米兰遗址残存的一座佛塔

米兰遗址残存的一座佛寺

彭加木失踪地（一）

彭加木失踪地（二）

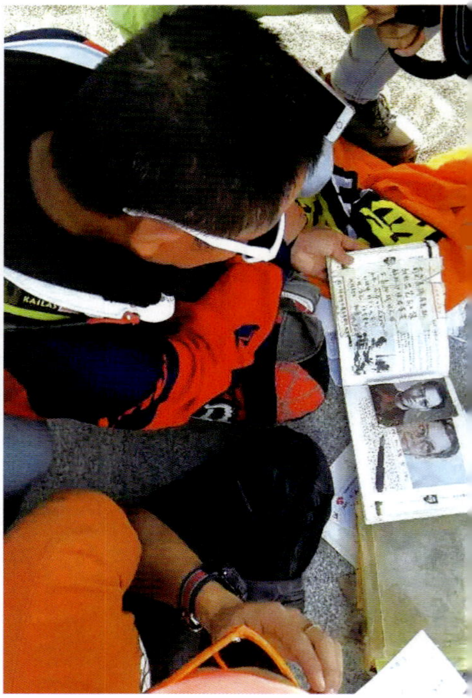

彭加木失踪地（三）

请扫码关注作者的各类App账号，查看更多精彩视频文章：

抖音

快手

微信公众号：环球登山旅行探险

微博

参考文献

[1] 司马迁. 史记[M]. 北京：中华书局，1975.

[2] 班固. 汉书[M]. 北京：中华书局，1975.

[3] 刘逊，刘迪. 新疆两千年[M]. 乌鲁木齐：新疆青少年出版社，2006.

[4] 斯文·赫定. 丝绸之路[M]. 江红，李佩娟，译. 乌鲁木齐：新疆人民出版社，1996.

[5] 马克·奥里尔·斯坦因. 沙埋和阗废墟记[M]. 殷晴，剧世华，张南，等译. 乌鲁木齐：新疆美术摄影出版社，1994.

[6] 常书鸿. 新疆石窟艺术[M]. 北京：中共中央党校出版社，1996.

[7] 玄奘，辩机. 大唐西域记[M]. 黄志翘，译. 北京：中华书局，2018.

[8] 慧立，彦悰. 大慈恩寺三藏法师传[M]. 高永旺，译注. 北京：中华书局，2018.

[9] 姜继为，冯婕. 斯文·赫定探险记[M]. 上海：上海三联书店，2009.

[10] 敏文. "新疆"名称的由来[N]. 中国民族报，2002-02-05（003）.

图书在版编目（CIP）数据

行走在新疆/汝志刚著. —合肥：合肥工业大学出版社，2021.4
ISBN 978-7-5650-5340-5

Ⅰ.①行…　Ⅱ.①汝…　Ⅲ.①新疆—概况　Ⅳ.①K924.5

中国版本图书馆CIP数据核字（2021）第069217号

行走在新疆

XINGZOU ZAI XINJIANG

汝志刚　著　　　　责任编辑　张择瑞　赵　娜　汪　钵

出　版	合肥工业大学出版社	版　次	2021年4月第1版
地　址	合肥市屯溪路193号	印　次	2021年4月第1次印刷
邮　编	230009	开　本	710毫米×1010毫米　1/16
电　话	图书出版中心：0551-62903204	印　张	20.75
	市场营销中心：0551-62903198	字　数	285千字
网　址	www.hfutpress.com.cn	印　刷	安徽联众印刷有限公司
E-mail	hfutpress@163.com	发　行	全国新华书店

ISBN　978-7-5650-5340-5　　　　定价：87.00元